じゃあ　まあいーか

ＪＩＣＡボランティア　ジャマイカを行く

塚﨑　雄一

―今は亡き妻　塚﨑みち子に捧げる―

目次

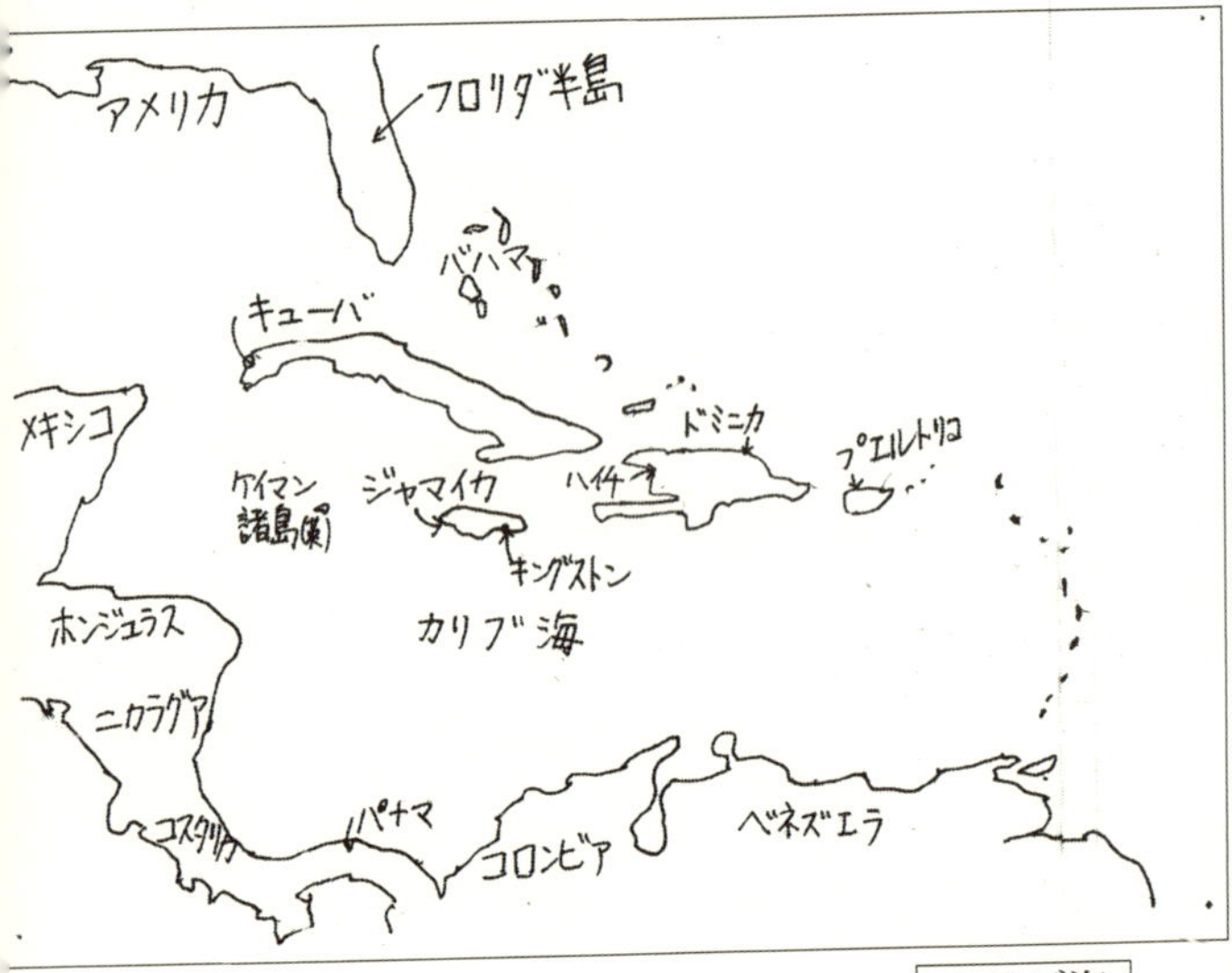
アメリカ
フロリダ半島
バハマ
キューバ
メキシコ
ドミニカ
プエルトリコ
ケイマン
諸島(英)
ジャマイカ
ハイチ
キングストン
ホンジュラス
カリブ海
ニカラグア
パナマ
コスタリカ
コロンビア
ベネズエラ

カリブ海

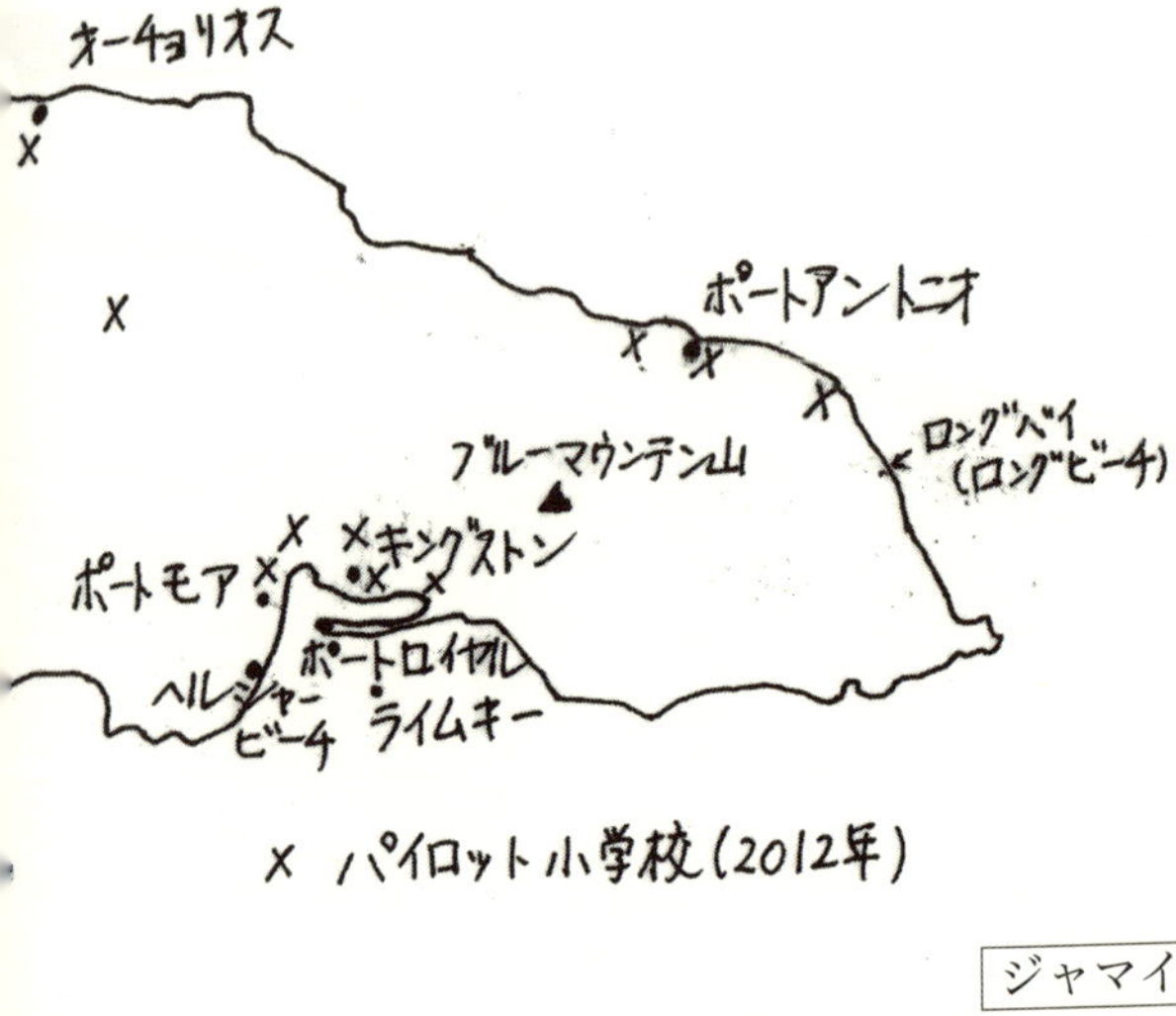
オーチョリオス
ポートアントニオ
ブルーマウンテン山
ロングベイ
(ロングビーチ)
キングストン
ポートモア
ポートロイヤル
ヘルシャービーチ
ライムキー
× パイロット小学校(2012年)

ジャマイカ

国土面積	10,991㎢（日本の約 37 分の 1）
総 人 口	2,719,000 人（日本の約 50 分の 1）
首　　都	キングストン
公 用 語	英語

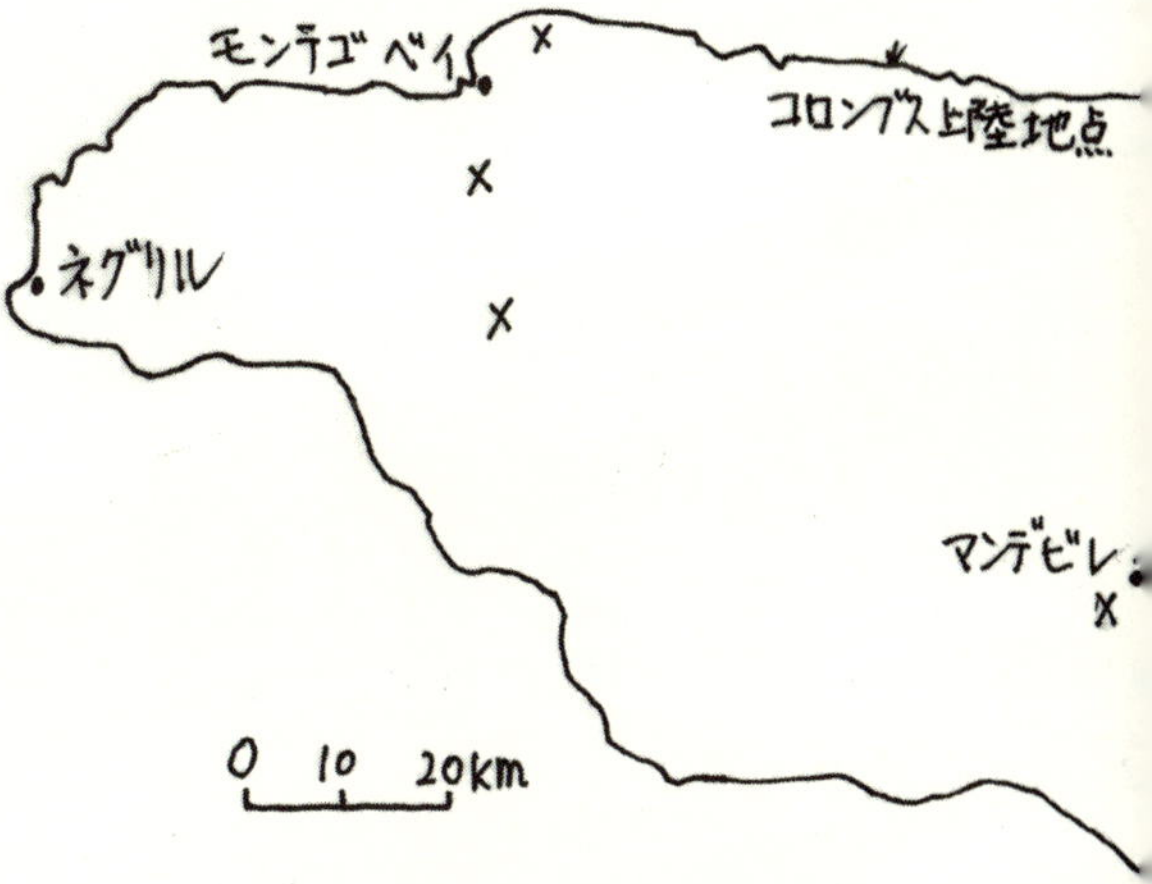

ジャマイカ 地図

はじめに

アメリカの東南に突き出るフロリダ半島南端に、温暖な気候で知られる保養地マイアミがある。マイアミ空港から飛び立ち、メキシコ湾をさらに南下し、キューバ上空を一気に横断する。するとその南側に、四方を中米の細長い陸と、小さな島々と、南アメリカの北海岸で囲まれた、どこまでも青が突き抜ける空と海が現れる。これが世界の人々が楽園と憧《あこが》れる常夏のカリブ海だ。その真ん中にポッカリと浮かぶジャガイモの形をした小島が見えてくる。この島が、今から始める体験談の舞台、人口二百七十万、秋田県と同じ大きさのジャマイカだ。

ヨーロッパ人として初めてジャマイカを発見したコロンブスは、その時の印象を『山と陸地が天と触れ合う、人が目にした最も美しい島』と日記に書き残した。しかし先住民のアラワク人は白人が持ち込んだ伝染病で絶滅した。彼らには免疫が無かったからだが、過酷な労働が祟《たた》ったからという説もある。スペインは、代わりにアフリカ西海岸から奴隷《どれい》商人を介して黒人奴隷を連行した。奴隷の扱いは史上類を見ない残忍さだったという。大西洋を渡る間に病気になると容赦なく海に投げ捨てられた。イギリスの統治になっても奴隷売買は続いた。この黒人奴隷の子孫がジャマイカ人である。

女奴隷が美人という評判がスペイン本国で立ち、男たちが詰めかけたという逸話《いつわ》が残っている。スペイン人の残していった美顔には、ビクッとさせられる。彼女たちはその彫りの深い顔を、黒人特有の豊満な胸にくびれた胴、長い脚の上に上を向いた尻、の上に乗せた、アニメに出てくるヴィーナスだ。一口に黒人と言っても、茶の濃淡に大きな差があり『多人種による一つの

一番のお気に入り　東海岸 ロングベイ

国民（アウト　オブ　メニー、ワン　ピープル）』の国のスローガンがピタリと決まっている。

一六五五年にイギリスがスペインを追い出したが、このドサクサに乗じて山野に逃げた奴隷は、独立自治の気概《きがい》を保って抵抗を続けたマローンとして知られている。サトウキビプランテーションを営むイギリス人の金回りの良さはイギリスで評判になった。

一九六二年八月六日に独立してから五十年後の今日まで、エリザベス女王を元首に戴《いただ》く英国連邦のひとつに留《とど》まってきた。人々はアフリカとヨーロッパの言語が混合してできたパトワと呼ばれるクレオール（文法を備えた言語）を話しているが、学校で習い用いる公用語はイギリス英語だけだ。しかし街で聞く彼らの口語英語は、訛《なま》りが強くてイギリス人さえ初めのうちは聞き取れないという。国作りの根幹はイギリス直輸入だが、若者たちの視線は、観光客、出稼ぎや留学先のアメリカに注がれている。人口と同じ数のジャマイカ人が海外に出稼ぎに出ており、仕送りで家族の生活を支えている。

日本人はほとんど住んでいないが、日本製品は至るところに溢《あふ》れている。車社会のこの国を走る日本車の割合が日本以上という光景を前にして、私は空いた口が塞《ふさ》がらなかった。

日本製の高級テレビ、ステレオ、カメラが圧倒的に信頼されている。日本のアニメ、マンガ、ゲームが子どもや若者の社会に浸透しており、ジャマイカ人にとって日本は憧れの遠いとおい国だ。小学校を訪問した時、私が日本人と知って、マンガで繰り返し見て覚えた漢字を書いてみせ、意味を尋ねた子が何人かいた。

逆に多くの日本人にとってのジャマイカは、オリンピック陸上男子百メートルで二連勝中のウサイン・ボルトや、レゲエ音楽と踊りを生んだ国として知られるようになってきたというのが一般だろうか。私がジャマイカの名を記憶したのは多分一九九八年のサッカーワールドカップ・フランス大会あたりからだろう。初めて本戦まで進んだ日本は、同じグループになった、これもこの時が初出場だった素人集団ジャマイカの身体能力の高さに負けたことになっている。が実際は、ジャマイカ人のリラックスに、金縛《かなしば》りになった日本の過緊張が蹴《け》落《お》とされたのだと私は理解している。他には「さらばジャマイカ」や「バナナボート」で一世を風靡《ふうび》したハリー・ベラフォンテはジャマイカ人だ。ジャマイカは我々日本人には、地球の裏側のどこか遠くにある、異星人の住む宇宙の果ての国だ。

それが縁あって、二年の期限つきだがほとんど何も知らないジャマイカに移り住み彼らと働くことになった。調べてみれば世界で三番目に殺人発生率の高い、ギャングのはびこる国だと分かった。主な産業が観光で、他にサトウキビ・コーヒー・バナナの栽培、アルミの原料ボーキサイトがあるが、経済が行き詰っていること、特産のブルーマウンテンコーヒーのほとんどは、日本に輸出されているという情報を得た。

この程度の知識では、これから二年間の生活を始めるにははなはだ心もとないという思いのまま、二〇一一年十月三日に成田を発った。現地JICA（ジャイカ）の所長から『明治維新に文明開化を指導しに日本に渡来した、ヨーロッパ人の心意気でしょうか』と鼓舞され、大げさと知りつつも、勇気が漲《みなぎ》ってくる我が単純さに苦笑した。

JICAとは日本政府による海外援助の全てを管轄《かんかつ》する公的機関で、大きな仕事のひとつとして、世界中の発展途上国からの要請《ようせい》に応え、常時二千人余りのボランティア隊員を海外に派遣している。一九六四年の東京オリンピックの年、アメリカのジョン・F・ケネディ大統領は、若者は海外で人助けに汗を流すように、と呼びかけ「平和部隊」を始めた。これに習い、その翌年日本に「青年海外協力隊」が設立された。敗戦の焦土から立ち直り、いまやオリンピックまで開催できた日本である。これからは世界貢献にも目を向けようという呼びかけに、当時高校三年だった私はひどく心を揺さぶられた。青年海外協力隊への思い入れは、私の学友にも新鮮な記憶を残した。敗戦のトラウマが生々しく残る大人たちが「日本は三等いや四等国」と頑《かたく》なに自嘲《じちょう》し劣等感を引きずっている。その中で、東海道新幹線の開通、東京オリンピック開催をはじめとする、激しく高揚したエネルギーが国のあちこちに充満し、喧《やかま》しく沸騰する蒸気音を立てていた。急成長をし続ける工業や全国の大学紛争に象徴された時代として、私の中で記憶されている。くしくも今年二〇一五年「青年海外協力隊」は設立五十年を迎える。

発足当時の青年海外協力隊は今と異なり、相当の実務経験を応募者に要求していた。大学卒業と同時に中高一貫校の数学教師になった私には遠い存在になっていった。ところが一九九〇年に、若者だけでなく、ベテラン技能者の経験を生かそうという制度改革があり、青年のときに抱いたかつての夢が蘇《よみがえ》ってきた。

二〇一一年、平成二十三年二次隊シニア・ボランティア募集に、ジャマイカ教育省からの数学教育の要請文を見つけた。

『当国では小学校で毎年全国統一試験を実施しているが、年々算数・数学の学力が低下していることが確認されている。指導力の向上と、学力の改善の必要性に応えるよう、活動することがもとめられる。云々』

とあった。いちボランティアに期待する内容としては大き過ぎると感じたが、言外《げんがい》に教育省や学校教師たちの困惑ぶりが十分に窺《うかが》えた。どんな新しい世界が待っているのかと想像すると、そんな得難い困難にチャレンジするのは悪くないと、心は勝手に歩き出している。知らないとは恐ろしいことで、困難が楽しみに思えてきた。

「ジャマイカに行こう」と言ってみる。

「ジャマイカ、ジャマイカ」「じゃーまーいーかー」

とゆっくり繰りかえすうちに
「じゃあ、まあいいか」

のフレーズが浮かび出て、大いにびっくりし、俄然《がぜん》嬉しくなった。ジャマイカ＝「じゃあ、まあいいか」が、キーワードになるかもしれない、と思った。

派遣が本決まりになり、駐日ジャマイカ大使バーンズ女史を訪ねた。試しに「じゃあ、まあいいか」を口に出すと、女史は知らない。説明したい誘惑を覚えつつ、福島原発事故での疎開中にその日わざわざ出てきて下さった大使だ。「じゃあ、まあいいか」では失礼に落ちると、黙《だんま》りを決めた。

コーヒーの実をつけた木

ジャマイカ式洗礼二題

その一　「英語の話せる人と代わって下さい」

任地ジャマイカに向かって神戸を発ったのが二〇一一年十月二日、翌三日成田からシカゴ経由でマイアミで一泊、ジャマイカの首都キングストンには四日の昼に着いた。同行の若い隊員石原君と宇井さん二人との、寄宿舎生活が始まった。

長野県の駒ケ根《こまがね》研修所で英語研修の合宿を二カ月余り済ませてきたが、引き続き現地の英語学校に入れられ、我々は慣れない暑い直射日光や毎日降るスコールの後の大きな水たまりを避けながら歩いて通った。水はけが悪いキングストンの道路は雨の度《たび》に川となった。というか、川としての機能を初めから道路に任せた途上国仕様になっていた。この間には、銀行口座の開設、ボランティア隊員のジャマイカ政府受け入れ窓口のＰＩＯＪ、駐ジャマイカ日本大使に私の派遣先である教育省本省への表敬訪問などを次々こなした。これにアパート探しが入り、落ち着く家が決まらないうちに私の仕事初めの十月二十六日は迫って

教育省本省への表敬訪問

いた。

明日はいったい何時に何処へ行けばいいんだろうと、やきもきしていると、二十五日の夕方に漸《ようや》くケイタイ電話が鳴った。聞こえてきた女性の声は立て板に水の勢いでベラベラと話し始めた。それは確かに私宛の電話だと判別できたし、用件は明日のことだとも察せられた。が後はどうしたことか、さっぱり判らない。これは太刀打ちできないのではないか、という恐れが襲う。しかし一瞬後には、汗水流したこれまでの英語に費やした苦労の日々が走馬灯のように頭を過《よぎ》り、タジロガナイと心に決めていた。

「あわあわあ」

言葉にならない私の声を聞くと、電話口の主は

間髪《かんはつ》を入れず、

「誰か英語の話せる人と代わって下さい」

と、あっさり宣《のたま》ふた。

（えっ、それって何・・・、明日からきっと一緒に仕事をしていく貴方からのこの言葉）

追い打ちをかけて思い切りガツンと頭をやられた気分で、ひどくヨロケタが、此処《ここ》は何としてもノックアウトだけは食らうまいと、

「私、英語出来ますから、どうかゆっくり話して下さい」

とクリンチ（ボクシングで相手に組みついてパンチから逃れる技）で必死に耐えた。この日の手帳にはＶｅｒｙと書いてあるが、後日、電話の主は仏様のように心優しいＢｅｒｒｙだと知った。

翌朝、約束の八時半、寄宿舎の炎天下の駐車場で迎えに来る筈のベリーを正装で待つも、四十五分になっても現れないのでケイタイで問い合わせると

お披露目の日の職場の同僚
左からベリー、米国平和部隊員アーリーン

「今そちらに向かっています」

の返事に、ひとまずホッとする。九時十分に来たホンダには、先日の表敬訪問で顔を合わせた教育省ナンバー3の私の直属のボス、ドクター・キャンベル、恰幅《かっぷく》のいい運転手の女性とベリーが乗っていた。小学一年生の遠足バスはこんなだっただろうか、巨体女性三人寄って姦《かしま》しい中に私は納まった。コンピューター学習を推進するイーラーニング立ち上げの、テレビ局のカメラが入った大きな集会にこのまま直行する。車中、ドクターの読む原稿に横からベリーがコメントを盛んに送っていた。ドクターは集会の初めに予習していたスピーチをし、その後の車中ではさらにヒートアップした大きな笑い声を立てていた。運転手もベリーも教育省のオフィサーだと後日知った。前夜のストレートパンチを食らわした電話とは打って変わり、ザックバランで開けっ広げな彼ら一流の持て成しで、私が完全にリラックスするうちにお披露目は終わった。昨日も今日も、本音だけが支配する同じジャマイカ世界から生じていた現象であることに、私はまだ気がついていなかった。

その二　ジャマイカの冷房機

私のジャマイカでの配属先は、教育省の本丸、コア・カリキュラム・ユニットという部署で、ここで働く日本人は私が初めてです。教育省ケーノードセンターの広い敷地正門には、ガードマンが常時三人詰めています。門を入った直ぐ左手にある、白壁の鉄筋コンクリート二階建ての二階には細くて長い廊下があり、その一番奥の十平米の部屋が、私専用のオフィスとして与えられました。部屋の前の主が置いていった楽器がうず高く積まれ、手狭な部屋の扉に彼女の名前が張り付いていました。北側の窓枠いっぱいに広がる木の葉の緑に誘われ、窓から首を出すと、見渡す限りに広がる敷地に様々な木があって、省の他の建物と共に涼しい景色が見渡せます。すぐ前の視界を覆《おお》う大木には、いつの間にかマンゴウの実がなり、やがて黄色い甘いフルーツになりました。その隣奥のアキの木は、子どもの握り拳《こぶし》程の大きさの緑色の実を沢山つけました。緑がやがて赤や橙《だいだい》の鮮やかな色に華やぐと、実の底の皮がめくれ、柿の種を大きくしたような形をした真黄色の実が顔を出しました。これがジャマイカの代表料理アキ・アンド・ソルトフィッシュの食材アキで、やがて私の大好物となります。マンゴウもアキも熟《う》れて目を楽しませ舌を喜ばせる頃には、何処《どこ》からともなく庭師や近所の女が実を摘みにやってきました。

そして何より、窓の脇に置いてある大きな移動式の新品冷房機が私を喜ばせました。この部屋で二年間過ごすのかと内心ほくそ笑んで、早速冷房のスイッチを入れました。冷えた風が吹き出すのを手のひらで確かめてから、隣近所の部屋に挨拶回りに出ました。

部屋に戻ると、何だか中が廊下より暑いようです。おかしいと思い調べると、正面排気口からは冷気が噴き出しているのに、裏側は全面熱を帯びています。さらに裏面から延びている太いホースの先は、天井近く窓の一番上に、石炭ストーブの煙突のように建

オフィスの窓から
右マンゴウの木と赤い熟れた実をつけたアキの木

物の外に向かって吐き出し口が取り付けてありました。手の平を当てているうちに、延びたホース全体が熱くなっていきました。

冷気は室内に入れ、熱を発する部分の裏面やホースは部屋の外に出して使うように作られている冷房機を、熱を発する部分まで部屋の中に入れていたのです。その結果部屋全体にとって、冷房機が暖房機として機能していることに気づきました。取り付け工事が完全に誤っていたのです。しかし来て早々、私の勘違いで要らぬケチをつけることになってはならないと、インターネットで製品をチェックしました。次にエンジニアである友だちにスカイプで確認を取り、自分の推理の正しさを確信に高めました。

そして冷房機を取り付けた工事担当部署を調べ、電話を入れました。誤りを騒ぎ立て、担当者を傷付けないよう事実関係だけをそっと知らせようという配慮でした。電話口は、こちらが内容まで話すことを端《はな》から拒み、責任者を通して連絡するようにという、一点張りでした。

筋を通せということでしたので、責任者のドクター・キャンベルと彼女の秘書兼相談役のベリーに、冷房機の誤用を丁寧に説明したのですが、事態が呑み込めない彼らはキョトンとした顔のままで埒《らち》が明きません。そうこうするうちに、私の並びの部屋六つに、同じ冷房機が同じ形で設置されていることに気が付きました。一人ひとりに具合を尋ねて回ると、ちっとも冷えないのでおかしいと思っていた、とか「白い象と呼んでいた」などと答え、誰もが誤りに気がつかず半年も使い続けていたことも判明しました。

ドクターが工事責任者に連絡を取ってから、係の者がやって来たのが一月先。私がその係に事情を説明してから次の一月が経ちました。私は痺《しび》れを切らし、パイプを外に出す工事の図面まで書いて、ガラスに自分で穴を開けてやろうか散々考えましたが思い止まり、せかされてやってきた次の係に参考までにと言い添えて、図面を渡しました。さらに音沙汰の無い別の一月が経ちました。ドクターに事情を問うと、彼女は私の目の前の電話口で喧嘩腰《けんかごし》で抗議していました。さすがにこれが効いたようで、一週間もすると数人でやってきて、冷房機には目もくれず、メジャーを取りだし、部屋の東西の巾だけ測って帰っていきました。連絡の無いさらに半月くらい経ってから、以前聞き出してあった男に電話し

「冷房機の件はどうなっていますか」と尋ねると

「二階全体のセントラル冷房の案が出ているところだ」

という返事です。この前メジャーで測っていた意味がようやく呑み込めました。そこで

「ところで、その工事をするかどうかは、何時頃決まるのでしょうか」

と重ねて問うと、

「いつ決まるか分かりません」

という返事です。まだ新品同様の冷房機、随分沢山購入したのに、間違った取り付け工事に気がついてもいっこうに直そうとしません。今また新しい冷房機を取り付けるとは、一体どういう料簡《りょうけん》なのでしょう。足元がすくわれ目眩《めまい》がしてきました。この言葉を耳にし、いよいよ此処にいる二年間は諦《あきら》めることにしたのです。粘れば、きっとこの国がさらに見えてくる予感や興味もあったのです。しかし自分のミッションでないことにこれ以上の時間や労力を費やすことは止め、秘書のミス・ローガンに扇風機が欲しいと申し出ました。

それからは朝オフィスに着くとまず窓をいっぱいに開け、古い首振り扇風機のスイッチを入れる毎日です。窓の外のマンゴウもアキの実も二度ずつ実をつけ、横を向いた冷房機の上はナップザック用の棚になったまま私の二年の任期は終わりました。別室の六台の冷房機は、私が来た時のまま、暖房機として運転を続けています。工事担当者からの連絡も

報告も有りません。おそらくは、取り付け工事のミスは一切無かったことで済ませたのでしょう。教育省のオフィサーたちも誤りを知りつつ、彼らなりの判断基準を働かせていたことでしょう。自分専用の冷房機をオフィスに持つほどのエリート意識を失わず、日本とは異なるジャマイカ社会と折り合いをつけて生きていくために。あれだけ口角沫《こうかくあわ》を飛ばして自己主張を止めない普段の彼らと、じゃあまいいか、と簡単に諦め現実を受け入れている極端なギャップは、何処から来て、同じ人の中でどういうメカニズムで共存しているのでしょう。それ以来、冷房機の洗礼は私の中で、異次元のジャマイカを象徴するブラックボックスとして放置されています。

私はこの章をアドバイスをもらった友だちに『冷房機顛末記《てんまつき》』として報告した。

ナップザック置きと化した冷房機

ジャマイカ人は何故脚が速いか

二〇一一年十月、着任したジャマイカの首都キングストンのあちこちのビル一面いっぱいに、『二〇一二年祝独立五十年』の文字と、国鳥ドクターバードの図柄をあしらう大段幕が張られている光景にぶつかった。それは工事中のビルを被うビニールシートに見えた。いったい何を意図したパーフォーマンスだろうと訝《いぶか》った。それが月日が経つにつれ、この国に漂う強い愛国心に気づき、得心することになる。

異様とも取れる愛国心は例えば、次のようなことから窺《うかが》えた。一つは、国旗に使われている黄、黒、緑の三色やデザインを、服や持ち物などあらゆるところでやたらに使いたがること。また、数あるラジオ局で市民からの電話での意見を始終流しているのを聞いていると、英語も覚束《おぼつか》ない人も含めた幅のある社会層から、政治や教育などの改革を求める、国を愛する生の声が始終聞こえてくること。あるいは選挙での二つの政治グループの活動が盛り上がり、血気が度々殺人事件にまで及ぶこと。若い日本人のＪＩＣＡボランティアは一様にこの国の人々が持つ愛国心の高さに驚いていた。

二〇一二年八月六日の独立五十年を祝う祝典日が、ロンドンオリンピック陸上トラック競技真っ盛りの時期にぶつかり、外野席の私もすっかりお祭り気分に呑まれていた。祝典日前日の五日には、男子百メートル決勝で期待のウサイン・ボルトが金、ヨハン・ブレクが銀、他に女子百メートルも金を獲得し、ジャマイカ各紙は連日大きな写真を載せ祖国選手の大活躍に酔いしれていた。

昨日教育省の同僚ボーエンに廊下で擦れ違いざま、

「おめでとうジャマイカ」

と声を掛けると

「何のこと？　五十年？」

と応えるのを、

「ボルト、ボルトですよ」

と私は急いで付け足した。自尊心の強い中年のインテリ紳士には、筋肉系の活躍は口にしにくかったのだろうか。

短距離走は生まれつきだという常識がある。いくら練習してもあいつには勝てない韋駄天《いだてん》が運動会に居た。日本人は、いまだに誰も十秒の壁を切れないでいるが、現代のオリンピックで決勝に残る最低の条件が十秒を切ることだ。黒人ばかりが顔を並べるとなれば、これは遺伝子と認めざるを得まい。独立五十年の方が大切という彼のメッセージを、私の「日本人は先天的に短距離走の才能がないという劣等感」が曲解したのだろうか。

私はせっかくのこの機会を利用して、直ぐ隣りの部屋のジョイスを訪ね「ジャマイカ人は何故脚が速いか」の直撃インタビューを試みた。体育のオフィサーで、バレーボールの元ジャマイカ代表選手で博士号まで持つ彼女なら、何かヒントをくれるだろう。若い時は如何ほどかと連想させる、今でも十分な美形で大柄なジョイスは、いつもの大きな声で笑いこけながら、なかなかこちらの質問に応える気配を見せないのに痺《しび》れを切らせ

「ならば私の考えを言うから」

と、誘い水の私見を披瀝《ひれき》した。

黒人の脚が速いのは遺伝子との関わりが大きい。推論だが、現代人の直接の祖先の新人

は、アフリカに住んでいた。それが約五万年前のおそらくは森林が減る食糧危機に及んで生存競争が激化し、勝った人々はアフリカに居残り、負けたアフリカ脱出組は諸大陸に新天地を求めて出て行った。特にユーラシア大陸には、豊かな食糧を提供する牧畜や農耕に適する野生動植物の宝庫が有り、恵まれた食糧環境の恩恵に与《あずか》れた人々に余裕が生まれ、社会の複雑化、分業と階層化が進んでいった。これは安定した食糧供給を可能にする牧畜、農耕文化の基礎があったから出来たことで、さらに言葉の発達、文字の発明、情報の共有、知識の伝達、科学技術の誕生へと次々に文明のスパイラル状の上昇気流を生みだしていった。

運動能力に優れ狩りの達人だったが故にアフリカに残った勝ち組は、外の食糧の豊かな自然環境に出合う機会がなく、民族間交流に必要な共通言語を生み出さず、文明は停滞し、科学技術の時代には支配される側に回った。

レクチャーをここまで黙って聞いてくれたジョイスは、

「アフリカ黒人の血に、スペインやイギリスの血、安い賃金労働者としてやって来たインんだ。そして、「言葉を挿《はさ》と、祖先がアフリカと言われているが実際のジャマイカ人は多人種の混血だと、ド人や中国人の血も雑《ま》ざった」

「私の祖父は中国人なのよ」

と出自に触れた。同じ階にオフィスを持つピーズリーもいつか、自分の祖父は中国人だったので、中国に何時か行ってみたいと言っていた。ジョイスはさらに、

「スポーツエリートの多くは貧しい家庭の出身者なの。女子百メートルで金メダルを取ったフレーザー・プライスは、リーニーの教え子だったわ」

と付け加えた。

演劇のオフィサー、リーニー。彼は私を誘ってポートアントニオの名門高校に連れて行ってくれたことがある。リーニーは、他のオフィサーたちの自信満々が歩いている風体と違って、普段は何処か遠慮勝ちな雰囲気を醸《かも》しているのだが、いざ演劇部を指導しだすとテキパキとよどみないアドバイスを出した。彼の話を一言も聞きもらすまいとする真剣な生徒たちの目を見て、すっかり感心した。そのリーニーに後で話を聞くと、フレーザーは初め

は選手として目立たなかったが、奨学制度で進学し、努力を続けた結果あそこまで力を伸ばしたと教えてくれた。私は彼女がロンドンオリンピックで優勝する瞬間をスーパーマーケットの備え付けテレビ、これが全く質の悪い映像しか映さないのだが、でたまたま観戦した。彼女の走りは速いというより九十メートル過ぎからいつの間にか前へ出て勝ったというふうで、私には光り輝く彼女の笑顔と優しい目ばかりが強く印象に残った。

さて、いよいよ男子二百メートルの決勝の時間になった。ひとまず水を入れ、同僚たちとテレビ観戦といこう。私は細い廊下の一番奥にある自分のオフィスから這《は》い出し、コピー機や作業具と一緒に古いテレビの置いてある秘書室を覗《のぞ》きに行く。

あっと驚くジャマイカのメダル独占。ゴール前の走りは、ただでさえ古くて映りの悪いテレビ前に椅子を並べて陣取る女性オフィサーたちが、一斉に立ち上がり画面に近づきながら吠えていたのに遮《さえぎ》られ、見えなかった。吠えた女性の中には、ドクター・キャンベルはもとより、沈着冷静なベリーまでも入っている。ゴールと共に

「ヒストリー！（歴史的快挙！）」

「ヒストリー！」

の歓声が上がる。大声で叫んでいるのは女たちばかりで、その後ろに控え静かにしているのはいつもながら男のオフィサーたち。女のすっ飛んだ元気と男の静かさの対照は、ジャマイカの何処にでも展開している共通の景色だ。

マスコミはここまで他を圧倒するジャマイカの強さの秘密を探る番組を盛んに組んだ。説得力を持った説を要約し勝手に考えた結果、次のようになった。

アフリカがヨーロッパ列強の植民地だった時代、奴隷商人が、高い値がつく大きくてたくましい体の男、健康で元気な子どもを産めそうな美しい女ばかりを奴隷狩りで選んだ。さらにアフリカから遠路、船倉《せんそう》の劣悪な環境を長期に渡って運ばれてくる間に強い者が生き残った。強制連行された奴隷にとっては迷惑至極《しごく》の呪われた歴史だったが、皮肉にもこの過程が、強い遺伝子を持つアフリカ人からさらに優秀な遺伝子だけを選び出す選別として働いた。進化と歴史、血の混合が短距離を早く走るに優れた肉体を生みだした。もう一つの要因は、現在のジャマイカには、優秀な若者を国をあげて早く見つけ育てる制度が行き届いている。実際スポーツエリートを目指すのは貧困層から抜け出す絶好のチャンスで、子どもだけでなく親たちも熱くなっている。それに応える優れた教育と指導の体制がある。

膝や腰を曲げ長年田畑で這いつくばってきた日本人が、彼らと同じ百メートルで対等に競えるようになるとは、彼らを身近に見ていた私には思えない。が、日本には、長い歴史の中で営々と育ててきたこれとは別の文化がある。他では真似できない多くの素晴らしい特質があることに気づかされた。ジャマイカ生活は日本を見直す、誇らしい日々だった。同時にジャマイカ人を見ていると、日本人の弱い動物的生命力が、風前の灯《ともしび》のように危うく感じられてこざるを得ない。

ジャマイカ・リラックス

正月の元旦に私のトヨタパッソで、シニアボランティアの川原さんとキングストンのすぐ西隣ポートモア県の南部にある海岸ヘルシービーチに出かけた。海岸近くに車を停め、人影のほとんど見えない波の穏やかに打ち寄せる海辺を、強い日差しを浴びながら歩く。首都キングストンの霞《かす》むビル群を左後方に見て、一月一日に、暑さでボーッとした頭を乗せて歩く。こんな状況はかなりカッコイイはずだが、浜に落ちている発泡スチロールだかプラスチックの白い弁当箱の欠けらが無視できないほど視野に入ってきて、ゆっくり砂浜に

ヘルシービーチにて

座ってみたいという気を削《そ》いだ。しばらく歩くと、漁師たちが今朝捕ったばかりの魚を浜に引き揚げた小舟の横で捌《さば》いているのや、近郊からの家族連れの海水浴客が、強い日差しの遠浅で水遊びに興じている姿があった。魚料理を出す小屋が何軒か砂浜に建っている。相棒に食べていこうと誘うと、

「そうしましょう」

と答えるのだが、いざ入ろうとすると嫌そうにするので食べ損なった。彼と出かけると、同じ調子で食事抜きで一日を過ごすはめになったものだ。私は貧乏旅行が身についているので、何処でも食べる。エリート公務員だったせいなのか、川原さんは何処までも慎重だ。

ここの沼にはワニが多いということだったので、ワニを探しながら帰った。成果は道路脇に成仏している一匹だけ。道すがら、ヘルシャーヒルにあるトゥシスターズ・ケイブ（二人姉妹の洞窟）に立ち寄った。入り口の小屋に料金表が貼ってあったが人気《ひとけ》がない。ならばと黙って入ろうとすると、小屋の隅にじっと座っているおばさんにようやく気がついてビクッとする。料金を払うとガイドが付いた。若いガイドの女性についてサボテンの多い庭を歩いていくと、人気の無かった中に四、五人、暇を持て余した恐らくは近所の男たちが

通路脇に座っていた。さっき黙って入ってこの風体《ふうたい》に出会ったら、ぞっとしたに違いない。鍾乳洞《しょうにゅうどう》への降り口から若い男が一人加わり、少し離れたところから我々を見るともなく観察していた。ガイドをガードする役なのだろうか。ガイドに鍾乳洞の名前の由来を尋ねると、昔、サトウキビプランテーションから逃げ出した奴隷の姉妹が此処まで来て力尽き、捕まるよりはとここに身を投げた話が残っているという。この伝説に興味を抱いたのは、何処かでジャマイカ人は自殺しないと聞いていたからだ。グーグルで調べると、鍾乳洞の起源は人類の祖先新人がアフリカ大陸を出る以前にまでさかのぼる。一六九二年の、すぐ沖合に見えるポートローヤルを沈めた大地震のときに、一つの穴が二つに分かれたとあった。海に針金のように細く突き出た半島の先端にあるポートローヤルには、この時カリブ海を跋扈《ばっこ》する海賊たちの基地が在った。大地震は、山と積まれた金銀財宝を街と人々もろとも一瞬の内に海中に呑み込んだ。後日この史実は、海底に眠る財宝を探す海賊物語『パイレーツ・オブ・カリビアン』という、これとは別の物語を生み落とす。

二〇〇九年のＷＨＯ（国連世界保健機構）の資料によると、ジャマイカ人の年間自殺者数は人口十万人当たり〇・一人、国全体で年間三人が自殺で亡くなった勘定になる。世界にはこれより少ない国として、０人のハイチ、ホンジュラス、ヨルダンがあるが、そもそも統計を採る調査がなされたか疑わしい。さらに、自殺が宗教上厳しく禁じられているイスラム諸国のシリア、エジプトもジャマイカより低い数値を示していたが、そういう国では家族が隠すだろう。彼の地では英雄になるジハードの自爆テロは、自殺と見なされていない。やはりジャマイカは世界で最も自殺の無い国と言えそうだ。日本は、堂々の世界五位、人口十万人当たり二十三・八人、率にしてジャマイカの二百四十倍である。

一方殺人に関してはジャマイカはコロンビア、南アフリカ共和国に次ぐ殺人大国で、人口十万人当たり年間約六十人、世界で最も殺人の多い国だと言ってよい。日本が人口十万人当たり〇・五人だから、ジャマイカの殺人発生率は日本のざっと百二十倍になる。

この二つの統計資料を見る限り、自殺数と殺人数には強い相関関係があると推測したくなる。日本で戦時中に自殺がほとんどなかったと聞いたが、本当ならこれとも呼応している。自殺と殺人の数に、相関関係があるとか、ジャマイカと日本が世界で双極に位置していたなんて、けっこうすごい発見ではないか。

他日、助手席に乗せていた若い日本人ボランティアから、

「ここで運転していたら、日本に帰ったら随分楽でしょうね」

と声を掛けられたことがある。

「そうね、見てるところが日本でとはだいぶ違うね」

と、意味の取れない言葉を返していた。


私にとってキングストンで車を走らせるとは、大きな穴に落ちないよう路面にいつも注意を払っていることだ。次に急な割り込みや、ユラユラ揺れて漕ぐ自転車を引っかけないようにすることと。それから何処でもお構いなく車道を横切る歩行者が油断ならない。中央分離帯のコンクリートで縁取られた細い帯状の土手で寝転がっている浮浪者が、いつ車道に転がり落ちてくるかとハラハラしながら眺め、避けて通る。穴や車や人を避けるそのすぐ横スレスレを、バイクがスピードを上げてすり抜けていく。私は両手をハンドルに置き、親指は真ん中の警笛板に載せ、まるで敵陣を駆け抜ける戦車上の射手のように目を見開いている。日本での時に比べ視距離がずっと短くなっている。それからここでは勿論のことだが、野良犬を轢《ひ》かないように、転がっている犬の死骸を踏まないように、注意を払うことが肝要だ。ジャマイカの野良犬はめったに人に吠えないという美点はあるが、車への注意力ではだいぶ人に劣る。それで朝の道には、野良犬の亡骸《なきがら》がほうぼうに転がっている光景が出現する。一番多い日には十頭も見かけた。文字通り犬死した遺体は放置され、中にはいつまでも片づけられないで車に踏まれ、ぼろ雑巾に風化し、風に飛ばされて消え去るまで残滓《ざんし》を留めているのがある。内臓が飛び出し、首を拉《ひしゃ》げた犬の血や肉片を踏んでタイヤにこびり付けないようハンドルを切る。

殺人事件や野良犬の死体だけではない。ジャマイカには、死が日々当たり前に目の前に転がっている。ラジオでは亡くなった人の報道番組が毎日組まれていて、子どもや孫や親せきが何人残されたとか、葬式の日時の通知を延々と流している。

交通事故で亡くなったストーニーヒル小学校長の葬式では、キリスト教会の祭壇正面のスクリーンに、「意識を失ったままだったので最後の言葉が聞けなかった」という文字が繰り返し大きく映し出されていた。今わの際に遺言を残す通過儀礼が大切にされているからだろう。葬式に参列したのには、私たちが進めていた数学プロジェクトCT（カリキュレーションタイム）―CTについては別に章を設ける―に、ストーニーヒル小学校が参加していた経緯がある。そしてこの小学校と校長には鮮明な記憶があった。

キングストン郊外のストーニーヒル小学校を初めて訪ねたとき、面会する予定の校長は、たった今ピストルで撃たれた学校事務員の救急車搬送に付き添うために不在だと聞いた。この学校の教師たちがCTを理解していないことが判明したので、他日全教師対象に説明会を開く約束を校長と交わした。実はこの小学校のCT担当の教師には、実施方法をほかの教師に説明出来るよう研修してあったが、教材を入れてある段ボール箱は開けられた形跡もなく、放ってあった。再度訪問した日にも校長は、交通事故にあった保護者の見舞いで外出中だということだった。帰り際に顔を合わせた、若くて男前の際立つ校長は、心なしか気も漫《そぞ》ろな焦点の合わない視線を動かしていた。その数日後、今度は彼自身が運転中に事故に遭い危篤で入院というニュースを耳にし、数日後亡くなった。ジャマイカのしきたりに従い、葬儀は亡くなってから二週間後、地元の名士に相応しく大きな教会で盛大に催された。

「何故二週間も待つのか。遺体の保存はどうしているのか」

ドクターキャンベルに尋ねると、

「この国では海外に出ている親戚が集まるには時間が要る」

ということだった。保存方法については不明のままになっている。

大きな木造の教会聖堂一階の席はすでにいっぱいで二階に上がると、涼《りょう》を取る窓は開けてあったが、熱気とニオイがムッと鼻をついた。長椅子に詰めて座り、階下の祭壇を見下ろす。聖歌隊の素晴らしくはりのある歌声が、体を震わせたリズムよいテンポにのって鳴り響き、私の内臓まで共振させる。映画で見たことがあるだけの、初めての黒人霊歌の生演奏に聞き惚れた。楽器はサックス一本とアフリカ太鼓一個。歌い手の体はリズムに合わせダンスするようにスイングする。揺らす主《ぬし》は意思ではなく体だ。死後二週間が経っているせいか、涙はおろか悲しむ雰囲気はない。参列者たちは舞台の上のパーフォーマンスを共に楽しんでいる様子だ。式の進行がゆっくりで、故人の時代ごとの友だちが前で思い出話をした。話の後では、誰もがそれがしきたりのようにとても下手な歌を独唱した。ジャマイカ人は歌が上手いという私のイメージは完全に消えた。葬式というより日本の結婚披露宴のような雰囲気で、事実昇天を祝う場であったのだろう。一緒の教育省オフィサーたちと一時間半で中座した。

二回目にCTの説明でストーニーヒル小学校を訪ねた日、集会を始める約束の三時よりまだ大分前に着いた。やる気満々で単身乗り込んだ。時間のいい加減な風習が気になっていたので、わざわざ最後にこちらから

「三時から私が話を始めるということでいいですね」

と、その時はまだ存命の校長に念を押した。しかし三時になっても会場には誰も現れないので、教師らしい人に尋ねると、

「三時半に集まるように聞いている」

と言う。重ねて確認をとると、三時は授業の終わる時間だと知った。

実際に教師たちが集まったのは四時をまわってからで、私は待ちながら腹を立てている自分に、

「じゃあまあいいか」

を連呼していた。

四時過ぎには一日の授業の後の疲れ切った顔をぶら下げていた教師たちが、私の話の終わった五時過ぎにはすっかり元気になり、

「明日からやろう」
などと声を掛け合って目を輝かせた。ついさっきまで待ちくたびれて危うく切れかかり、
「帰ってやろう」
とまで思いつめた自分がいた。危ないところだった。

何年ぶりだろう、満足に教えられた授業のあとの快感を覚えながら家路《いえじ》に就いた。

数か月後新しい校長が就任した。心配で訪ねると、教師も生徒も学校中がCTに夢中で取り組んでいて、また私をびっくりさせた。

日本人のほとんどの死因が癌、心疾患、脳血管疾患の今日では、長期の意識不明に陥《おちい》り別れ

CTの授業

の言葉はほとんど聞かれないのではないか。寿命が延び、死が忌《い》み嫌われて人の目から隠される日本社会では、死は我々の日常と切り離された遠く縁の無い存在のような錯覚にさえ陥る。

しかし二十年前に自宅の神戸で大地震に遭ったときは、すぐ近くで多くの人々が亡くなり、死に近づいた。あの直後不思議な明るさが、私は現にこうして生き生かされているという喜びが、心を満たしたことを告白しておこう。実際人々は、それまでの互いの壁が取り払われ、自由に動きだしている自分を発見した。私の勤めていた学校に十人いた不登校生徒は、一人残らず自分の道を見つけて歩き出した。全国からボランティアの若者が駆け付けた。大きな犠牲を払ったその裏側で、多くの人々や社会が再生したのではなかったか。東日本の震災でも同様の現象を見たように思う。震災の年に、一見不利な状況にあった地元のオリックスや楽天が優勝したり、羽生選手の活躍があったことは記憶に新しい。それは、震災にもかかわらずではなく、震災がある悟りの境地を生んだのではなかったのか。

ジャマイカで身近に在る死は、「死ぬ宿命にある自分」への絶え間ない覚醒《かくせい》を促し、事に及んでも命まで取られないんだから、じゃあまあいいか、と腹を括《くく》らせる百万馬力のカラクリなのではないか。オリンピック決勝のスタートラインに立つジャマイカ選手たちには、期待を背負う多くの日本人選手に見られる（上手く行かなかったらどうしよう）という恐れを微塵《みじん》も感じさせない。これからどんな走りが自分から飛び出すのか、ぞくぞくしながら待っている人の眼差《まなざ》しを湛《たた》えているように私には見えた。誰よりもリラックスし楽しんでいるように見える。日常生活での、彼らの並外れたリラックスぶりと関連があるだろう。

ブルーマウンテン山中でイギリス人のコーヒー農園主に招待される

ドクター・キャンベルのハグ（抱擁《ほうよう》）

半世紀も前になるが、世界の秘境を歩きまわったジャーナリストが、ジャングル深く裸で生活する部族の村に滞在した時のことを書いていた。「郷に入れば郷に従え」の教えに従い、村の男たちを真似て服を脱ぎ部族の男と同じペニスケースひとつ着けたところ、男たちに、

「お前は服を着ろ」

と言われた、というのである。

およそよそ者たる分際は、地元のしきたりに従うのが人間世界の不文律だが、よそ者の法《のり》を越えて容易《たやす》く入って来られるのも困る、というのだ。ジャングルの男たちにとってペニスケースは文化だが、外界の服を着る世界から来た男が服を脱ぐというのは、部族の男になる、つまり我々の女を競うライバルになるからそれは困る、ということなのだろうと私は解釈した。異民族異文化のジャマイカで生活するとは、つまりそういうことで、適応

する着地点を探すのにそれなりの配慮や時間を掛けるのが礼儀で、生活上の危険を回避するのに欠かせない。

私がジャマイカ教育省で数学教育の仕事をしていく時の一番の協力者で、支援を惜しまなかった教育省ナンバー3の高官ドクター・キャンベルは、ボランティアという周りとは異質な肩書の私のパートナーであり、教育省の中核を担う、私が所属するコア・カリキュラム・ユニットのボスであった。大柄なジャマイカ女性の中でも一際《ひときわ》大きな身の丈百八十センチ、体重百二十キロはあろう堂々たる体躯《たいく》は、彼女の弟が二メートルを超えていたから家系だろう。ちなみにこの弟は、私の在任中に日本でJICAの一月半の数学理科教育の研修を受けた。時期はずれるが、この研修には教育省の同僚も参加している。ドクターの太っ腹は腹周りだけでなく、度量の大きさ腹の据わり方でも際立っていた。彼女のオフィスの戸はいつも開いたままで、部下のオフィサーや外からの来客が何人か詰めている中で、始終掛かってくる電話とも話している姿が廊下から覗かれた。突然鳴る電話や携帯にも自分で応対し、その結果同時にいくつもの案件に関わりながら時間が過ぎていく。さながらジャマイカ版聖徳太子というところだが、テクノロジーの発展に無防備な犠牲者である。

私が用事を持っていくと、「あと三十分したら来て」と言うのだが、三十分して行くとまた別の来客があって「昼になったら来て」と悪びれずに言い直し、十二時に行くと今度は秘書が、「会議で外出した」と告げることを繰り返した。先客を遠慮して待つのは私だけと学習してからは、とにかく押し入って手短に用件を伝えるようにした。日本では無遠慮な、しかしジャマイカでは常識の行動様式を私は小心振り払って身に付けていった。

ドクターは部内の定例会議で、メンバー一人ひとりの活躍ぶりや家族のおめでたいニュースを度々披露し、部下の自尊心を高め人心を繋ぎとめる配慮を怠らなかった。狭い国のトップ官僚のオフィサーたちは、様々な分野で活躍するマルチタレントが揃《そろ》うエリート意識の高い人々だ。彼らの遠慮会釈ない反対意見が飛び交う会議で、ドクターは笑顔とユーモアを絶やさない。

彼女が、カリキュラム作成の合宿会議を、イギリスからカリキュラム作成の専門家を顧問に雇って実施する、と発表した時のこと。ジャマイカ系イギリス人の科学のオフィサーは「絶対反対」と大声で怒鳴り「イギリス人にはジャマイカの事情が解っていない」とか「費用を掛け過ぎだ」と息まいて、「そんな会議は要らない」と演説した。それで一週間のカンヅメ合宿にこの科学のオフィサーは現れなかった。別のベテランオフィサーは、別の会議である同僚を名指し「私は彼女とは一緒に仕事はしない」と言い放ち、同じ班に入れられると、欠席した。そんな有り得ない自己主張が通った。全員携帯を持っていて、会議中でも掛かってくると受けて話し始め、中座を躊躇《ちゅうちょ》しない。そういう光景が日常の中で、ドクターは舵《かじ》を取っていた。バランス感覚と頭の切れを備えたリーダーだった。私には奇異に思えたのは、時折大きな引きつったような笑い声を発てることだった。引きつった「ヒィー、ヒィー」とひどく延びる音を初めて聞いた時は人の声とは思えなかった。人間と解れば、ヒステリーかと疑う響きだが、多くの中年ジャマイカ女性たちに共通な発声なのだ。他には、時間管理のルーズさに人の良さが加わり、手当たり次第に仕事をこなそうとしたことだろうか。

自らが主催する十時からの会議に十一時を過ぎて現れるということが度々あった。日本ではバツだがジャマイカでは遅刻は一切批難の対象にならない。私の疑問に「ああジャマイカ時間だから」と彼らは関わろうとしない。欧米、日本に別の時間のあることは自覚しながら、ドクターはジャマイカ人としてその文化に倣《なら》い続け最後は自らの脚をすくわれることになる。度々マスコミの取材を受け、新聞、ラジオ、テレビに登場し、大きな会議で挨拶のスピーチをした。私にジャマイカ女性の笑い方に対して注文をつける筋合いは無いが、休む間のない彼女の窮状《きゅうじょう》に思い余り、自分の仕事を仕分けして回せる仕事は他の人に振り分けたらどうかと、何回か進言した。以前誤った冷房機設置を追求しなくなったのには、忙しい彼女の手をこれ以上煩《わずら》わせたくないという気持ちが働いたせいもある。

いつからか、ドクターは私の姿を目にするとハグするようになっていた。一日の内で初めの機会一回だけだが、私のニックネーム「イチ」をいかにも嬉しそうに親しみを籠《こ》めて呼びかけながらソソクサと近づき、両手で私の両肩を胸に引き寄せて優しく柔らかく抱く。私も両手を彼女の両肩に乗せて優しく抱く。ハグはジャマイカの職場で男女間の親しい間柄で普通に交換する挨拶で、女同士でもよくする。男同士のはあまり見かけないが。親しみを覚える異性にスキンシップをしたくなるのは自然な心の傾きだと思う。日本ではセクシャルハラスメントと看做《みな》されたり犯罪になる危険が、理性にストップをかけさせる。日本で社会規範を敢て越えるハグをすれば、親愛のメッセージは消え、途端に性的な色合いを帯びてくる。以前南米のアルゼンチンを訪ね、ハグの素晴らしさに感心して帰国した。

当座は妻や娘とハグをするように心がけたが、いつの間にか立ち消えになった。ドクターは廊下だろうが集会場所だろうがお構いなくハグをした。ハグする時にためらいがなく、集中してしっかり抱きしめる。ハグによって私への親しみ、日本への信頼、はるばる日本からやってきた私への感謝の念を示したかったのだと思う。またボスである自分の揺れのない愛情は、それを目にする部下への「イチの居場所に配慮しなさい」ということを暗示していた。ドクターの病気療養中代行を務めた、初出勤日に運転手をしたオフィサーは、二年間でその代行中一度だけ、私をハグした。だんだん深くなるドクターのハグに応えて手を背中に回すが、肩甲骨《けんこうこつ》下の肉にまで漸《ようや》く届く大木で、木に止まるセミをイメージした。私はドクターとのハグで易々《やすやす》と法を越え、ジャマイカの男性と認知されるようになった。

ある時ドクターの相談役ベリーが私の耳元で、

「ドクターは男と女のそういう関係でないから」

とささやいた。それでベリーがドクターのハグを気にしていると知った。また、

「ドクターはイチを特別大切にしているから」

と、ドクターのびっくり誕生パーティーに出席するよう促した。

ドクターは私が心配した通り、病気から復帰後も度々体調を壊し、ハグの際に頬《ほお》ずりをするようになった。私には仕事のストレスに打ちひしがれた彼女の悲鳴が聞こえてくるように感じられ、彼女の健康回復と、どうか私たちの仕事が中断してしまわないようにという祈りへとハグが変質した。しかしとうとう心配した通りのことが私の離任前、九月の新年度にむけて数学プロジェクトCTの計画を立てている最中に起こる。ドクターはリタイアを決行した。彼女のポストには代行の別の男のオフィサーが着き、彼は「忙しい耐え難い」と嘆き節を吐き続けていたが、私の離任した数か月後にリタイアしたと聞いた。私のいた職場には、極端に忙しいポストと暇を持て余すポストが混在していた。稚拙《ちせつ》なジャマイカ社会は、恐らくその自覚さえ無いうちに、気が付けば有能稀有《けう》なリーダーをむざむざぼろ雑巾にして使い捨ててしまった。私が彼女に肩車されて悠々とジャマイカ数学教育の改革に臨めたのは、つとにドクター・キャンベルのお陰だ。願わくは私の持ち込んだ新しい服CTが、全国津々浦々の小学生に愛用される日が来るまで、ドクターに見守って頂きたかった。

教育省で世話になった面々、JICAボランティアのジャマイカ側受け入れ機関のPI

ＯＪ、ジャイカ関係者が参列するボランティア最終活動報告会に、私は公職を退いていたドクターを個人的に招待した。発表を終えた私に、いち早く「イチ」と賛嘆の声を上げてドクターは近づくと、両手を拡げあの力強いハグを私と交わした。

ドクター・キャンベルと

エイとドクター・バード

ジャマイカの首都キングストンの南に、内海を作る細長い針金状の半島が突き出していて、その先端にポートロイヤルという新鮮な魚料理で生業《なりわい》を立てている幾つかの店を集めた村がある。西暦一六九二年、イギリスの植民地で海運業の中心地だったここにあった町を大地震が襲い、海底に呑み込んだ。海賊たちが奪った宝物を持ち込む「世界で最も豊かで最もひどい町」はかくして完璧に消滅した。ファンタジー映画『パイレーツ・オブ・カリビアン　呪われた海賊たち』の始まりの場所とある。今は昔、イギリス海軍の設置した傾いた巨大大砲が地震の凄《すさ》まじさを今に留めている。

キングストンで体操ジムを開いている元JICAボランティアの西田さんは、ここで小さな漁船をチャーターして、沖にあるライムキーの無人島で一日を過ごす企画を仲間内で続けて来た。それに便乗し日本から持参したシュノーケルマスクと寄宿舎にあった足ヒレを持ち出し、はやる気持ちで参加した。朝の漁から戻った、船頭を入れても六、七人乗ればいっぱいになる漁舟が、足元の悪いポートロイアル桟橋《さんばし》に五、六杯並んでいる。こぼれた魚を目当ての、あごに袋を持った大きな羽根のペリカンたちがうるさい中を、手前の舟をまたぎ継いで向こうの舟に乗り込む。二艘《そう》に分乗したのは大使館員とその家族、ＪＩＣＡボランティアの日本人たちだ。

穏やかな内海から外海に出ると少しずつ波は出たが、舳先《へさき》が切る波しぶきが炎天下の皮膚を打ち、爽快だ。陸を離れ、ようやくキングストンの街並みとその背後に霞《かす》むブルーマウンテンの山々の全貌《ぜんぼう》が一望に見渡せた。頬に勢いよく当たる風に目を細め、焦点を無限大にとる。わずか三十分で着いた。我々を浅瀬で降ろすと舟は戻っていった。午後に迎えに来る約束だというが、海が荒れたらどうなるのだろうと不安になった。が、黙っていた。

海外を独りで旅している時など、これと同じような舟に乗る機会がけっこうある。不安を覚えるのは、単純に危険があると感じるからだが、初めてのことに伴う無知のせいもある。どの程度のリスクがあるかが読めないのが不安を助長する。安い船賃だからそれに見合った安全しか期待できない。安全がそんなに大切なら日本に居たらいい。後日、一年半も経ってのことだが、私をジャマイカまで訪ねて来た友だちを、この近くで針金状の半島の真ん中にある空港から直接ここに連れて来た。そのときは少し波があったが、テニスやスキーをこなすスポーツマンが舟の縁につかまって、心底怖がっていた。この予想外の様子がおかしかった。何回も繰り返しやって来た私は慣れがあったから平気でいたが、リスクが下がったから平気になったのではない。何か事故があると日本では管理責任が問われるが、海外に出れば大抵は自己責任だ。秘境に入る程危険が増すだろう。それが冒険の楽しさ・スリルと結びついてくる。危険に備え全身は感度を高め、眠っていた機能が俄《にわ》かに目を覚ます。

ちっぽけな島が点在する沖合でも、我々の上陸した島はわずかな高潮で簡単に消えてしまいそうだ。芥子粒《けしつぶ》のような小さい荒れた土地で、砂浜ではなくゴツゴツした岩場を踏み超えて漸く海水に入った。何人かはモリを手に持ったが、その他の人は照りつける太陽の下に何とか陰を作り、涼をとって固まるようにただ座っていた。その長閑《のどか》な光景を横目に、私は空気を通す長い筒のシュノーケルとゴーグルを頭に、日避けの長袖シャツと軍手をつけた。波に弄《もてあそ》ばれて揺れる体を岩で傷つけないよう気をつけながら、ゆっくりと時間を掛けて海に入っていく。水につかったフィレを履《は》いた足首が岩に捕まれたように重く、上体

ライムキーで
獲物のロブスターを手にする
JICA ボランティア

がフラフラした。胴体が海水に沈めば、ようやく体はバランスを得て自由になる。そしてサンゴや岩の間をちょろちょろ行き来する鮮やかな原色模様の熱帯魚や魚たちの影を眺め、久々の海水に体を任せて何時間もプカプカ浮いていた。

頭を上げれば底に足の届く浅瀬で、ふと向こうから黒いものが近づいてくることに気がついた。と思う間も無く、見まがうことない横幅一メートル強のエイが、特徴ある幅広の丸い一枚布をユラユラたゆらせ、そのくせステルス戦闘機の滑るような滑《なめ》らかな動きで一直線に接近し、私の体の真下まで来るとピタリと静止した。有無を言わせぬ強引なエイの好奇心にたじろぎかけた心をひとまず横に置いて、私は一緒に遊ぼうという気持ちと、危険はないのかという恐れのどちらを優先させるか一瞬迷った。ここは目いっぱいの親しみを込めて「ハグしてやるよ」と独り言《ご》つ。ここまで互いに近づき向き合ったら、相手を信頼する他に手は無い。よく観れば彼女の目は、大胆にもすぐ手の届く真上の私の目を遠慮なく見据えている。彼女が感じているのは興味か、愛情か、はたまた敵意だろうか。彼女への「さあどうしたい」の問いはそのまま自分への「お前はどうする」になって跳ね返って来る。野生との異常接近には、気がつけば愛のために命を掛ける方にではなく、まずはリスクを避ける方に動いていた。私は相手にこちらの恐れの気配を感じ取られないよう、それにはまず自分が恐れを感じないことが大切だと「お前なんか眼中にないよ」というふりをしてゆっくり視線を外した。同時に足ヒレを水の中で静かに打って、右手方向に移動し、四メートルほど離れてから再び相手の様子を伺う。やがてそれまでじっと静止していたエイは何を思ったか、海底の泥をモクモクと巻き上げ、辺りの水を茶色に濁らせた。彼女の姿はしばらく泥の霞みの中に完全に消えていたが、やがて澄み始めた向こうを目指す後ろ姿の機影を最後に微かに認めた。見とれていた私から姿を消した。目と目を合わせる時の真剣だが穏やかだった私の心に、彼女から離れようとした刹那《せつな》恐れが忍び込んだ。彼女にはそれが不満だったかもしれない。言葉を持たない研《と》ぎ澄まされた野生の感性は、私の無意識を見通していたのだろうか。

浜に上がってエイの話をすると、エイの尻尾には人を殺せる毒があると聞かされた。驚いたが、彼女が私を攻撃するなど有り得なかった、と思うことにした。「財宝の在りかを教えてくれていたのかも知れない。もし針に刺されて死んでいたらそれが寿命だったのだろう」と、思った。そんな物語を作った私の無意識は「命のやり取りの緊張を解いてやろう」と計らってのことだろう。

エイ　出逢ったのとは違うが

エイとの出逢いから一月余り経ってから今度はジャマイカの国鳥、世界で二番目に小さいコマドリの通称ドクター・バードに初めて出逢った。朝いつものように五時に起きだすと、薄いピンクの瀟洒《しょうしゃ》な二つの直方体の建物がシンメトリーに並んだ五階建てアパートの敷地内に、私が描いた一周三百メートルの散歩道を私は歩き出す。西隣のイギリス大使館の庭園、南隣りのクールFMラジオ放送局をフェンス越しに眺め、娯楽室、瓢箪《ひょうたん》型のスイミングプールの脇をぬけると大きなマンゴウの木が植わっている。このマンゴウが大きな見事な実をつけると、警備員のラスおばさんは早朝どこかから長い竿《さお》を持ち出し、大きな実を一つ採って帰る。ささやかな役得だ。その濃い緑の葉をうっそうと茂らせているマンゴウの木に近づくと、一番下あたりの枝葉に向かってホバリング（空中静止）している小鳥の姿が、朝五時半の薄暗い中でもしっかり見えた。長い尾が、昔の医者が着ていた燕尾服《えんびふく》に似ていたことからついたジャマイカ固有の国鳥『ドクター・バード』。その名の謂《いわ》れ通りの細長い尾を垂らし、小さないさな羽根を忙しくせわしなく一秒間に五十回も羽ばたかせ、細長いストローのような前に突き出した嘴《くちばし》を持つ頭を、空中にしっかり固定させている。「小柄でも確かにわたしも鳥なんです」と主張している。（ああ、これがあの鳥か。とうとう出逢ったな）見紛《みまが》うはずもない。五メートルまで近づいたとき、緑の羽根を持つドクター・バードは、木の葉から少し離れ、大胆にも木と私の間の空間に移った。さらに木から離れ、こんどは頭をこちらに向けたまま私との距離を詰めた。親しみを込めて静かに見守っていると、安定した態勢を保つ見事なホバリングで近づき、視野の中を私を中心とした円弧を描いて、斜め上からじっとこちらを観察している。

「肩に止まってもいいんだから」

と心の中で声を掛ける。中世イタリアで清貧の祈りの生活を送った、野の鳥と遊んだというアシジの聖フランシスコの伝説が頭に浮かぶ。数年前まで家の中で放し飼いしていた手乗り文鳥は、私が朝寝室から出ていくと矢のように飛んできて、肩や顔、ときには鼻の頭に飛び乗った。野の鳥は私を親だと信じていた文鳥とは違う。この間どれほどの時間が経ったろうか。好奇心が満たされたらしく、彼はマンゴウの木の向こう、さっきまで薄暗かった空気が俄《にわ》かに変わり、今は明け日の射す靄《もや》った東の空に飛び発った。ちなみにドクターバードは生物学的なオスのみを指す名称である。ドクターバードのメスには長い尾は付いていない。

数日後、同じ所でほぼ同じ時刻にドクターバードを見た。この時は十メートルも離れていたし、同じドクター・バードだったかどうか知る由も無く、こちらに気づいた様子もなく消え去った。

野生へ向かう自分の心には、ほとんど本能的な力、交感への憧れが働いている。

ああジャマイカ時間

　約束の十五分遅れでシーモアのホンダがアパートの鉄門から現れたとき、心底ホットした。

「これで間に合うかもしれない」

十五分遅れは、今までで一番の早さである。私が助手席に乗り込むと、彼は、

「やあ、どうだい」

と、車を始動させながら声をかけ、あとはケイタイを片手に、次々と話し込んでいた。

　何しろ九月の新年度から始める我々のプロジェクトCTを学校現場の先生たちに説明する全国行脚《あんぎゃ》の旅の今日が初日である。私は知らぬ間に全身に力が入っているようだ。観光立国最大の観光都市モンテゴベイの小学校で十一時から始めるプログラムに、キングストン七時発では遅いだろうと昨日言った私の心配をよそに、相棒は平然としていた。

　南海岸のキングストンから北海岸に面したオーチョリオスへ貫く国道は、ブルーマウン

テン山西端の山中深く谷に沿って細く曲がりくねっている。川に沿った道は途中で一度その川を横切る。橋は一車線なので、上り下りが橋の手前の信号で交互に待つ。その一時停車の車列の横に、掘立小屋の果物を並べた店が並び、マンゴウなどを売り込む物売りが車の間を歩き回っていた。橋には転落防止用の柵はなく、ただ狭いコンクリートの板が載せてある。先日大型トラックがこの橋から落ちている写真が新聞に載った。車の往来が結構あってもゆっくりしたペースになるだけで、車が流れているのは天気がよく事故も無いお陰、などと思っていると、

「もうすぐ新しい道が完成する」

と言って、シーモアは谷の反対側を指差した。

「いつできるのだろう」

に、

「来年」

と答える。

(私が日本に帰る来年の十月には間に合わないだろうな)と思ったことを、後日ＪＩＣＡ

の土木が専門のシニア・ボランティアに話すと、

「あの道か、三年は無理」

と断言した。

つい三日前の直前になって、シーモアは今日の会の全教員招集を三校の校長宛に伝達した。このやり方は、日本人の私の感覚では、教育省エリート官僚の権力を笠《かさ》に着ているとしか思えないのだが、この国では問題無いらしい。私の心配はそれに加えて、しょっぱなからの主催者の説明会遅刻では、我々のCTの信頼は地に落ちるのではないか、に在った。

「道中、遅刻を気にしながら行く心の負担を考えたら、向こうで待つことくらい負担にならない。その方が対面を保てるし、よっぽどましなのになあ」

というのが私の感覚だ。ところで相棒だが、

「どうせ教師たちは時間には集まらないから、時間を見計らって着くのがよろしい」

と、考えている節がある。いや、これではまだ日本人的発想を引きずり過ぎているだろう。そもそも時間のことなどほとんど気にしていないようなのだ。そこには私の時間概念を超越した、全く異質な『ジャマイカ時間』が流れている、と表現するのが相応《ふさわ》しい。

オーチョリオスまで出れば、後はふたつの観光地を結ぶ海岸線に沿って走る高速道路があり、百三十キロで飛ばしても安心だ。緑なす樹木の景色は一変して、広い道幅の真っすぐ伸びるゆるい傾斜道は、下りではフロントガラスの先に見え隠れする濃紺の海面はこちらを吸い込むように待ち構えているし、その先に続く上りでは行き着く丘のその上に広がる空はどこまでも青く、ため息が出る。ここはコロンブスが、世界一美しい島と日記に残し上陸した個所で知られている。コロンブスはこの高速道も、道の両側に点在する観光客用の豪華ホテルも見ていないが。

私は司馬遼太郎《しばりょうたろう》が『坂の上の雲』の初めに描いた文章を思い出していた。それは明治維新の、欧米列強の植民地になるまいと、必死に彼らに追いつこうと日本中が近代化に夢中になり燃えていた、あの数多くの無私の若者を生みだした、日露戦争勝利に至るまでの輝かしい時代を描いている。ここからは見えないが、この海岸の向こう側にはキューバが横たわっている。キューバ海戦をつぶさに見学した秋山真之《さねゆき》はその経験を生かし、当時世界最強と言われたロシアバルチック艦隊を、完膚《かんぷ》無きまでに叩きつぶした。司馬は日露戦争後、太平洋戦争（第二次世界大戦）敗戦にまで転げ落ちていった真の指導者を欠いた日本に絶望し、そのきっかけを日露戦争に見て小説を書きながら歴史を振り返ってみたかったという。しかしこの長編小説の何処にも、悲劇の始まりを予感させる兆候を私は読みとれない。ひたすら坂の上の明るい空を憧れる社会がある。日本人のひたすらが、対ロシアとの和平成立を誤解して常軌を逸する危険をはらんでいたのだが、このジャマイカにあのひたすらさを探すことは難しい。底なしの青い空に向かって日本製中古車ホンダはスピードを上げる。「ジャマイカの数学教育革命はCTから確かにはじまるだろう。明治維新に近代化を図って日本に召集された欧州人たちに代わって、今は日本人の手によって」などという夢物語はとても浮かんでこない我が状況に同情しつつ、深くシートに体を沈め黙っていた。

ここまで来るまでにいったい幾度、理解を越えるジャマイカ時間に悩まされてきたかという感慨《かんがい》がある。

CTを新年度の九月から一万人の生徒に対象を広げて始めるに先立っては、前段階が幾つかあった。今年二〇一二年の一月、私が提案した小学校算数教育の新しい試みがドクター・キャンベルに受け入れられ、たまたま昨年から一年間の期間限定で実施されていた音楽教育『パーフェクト・ピッチ』に参加することになった。『パーフェクト・ピッチ』は、音楽の授業に算数と英語を融合する新しい教育プログラムで、某銀行のスポンサーがついて始められた。資金難の中、予算の付いていないCTが年度の途中から教材費を調達する術《すべ》のない中で、ドクターのウルトラ級采配《さいはい》で実現した。後になって解ったが、この曲芸は奇跡に近い、私にとっては全くの幸運だった。

CTを始めるに当たり、ドクターは私の新しい相棒として若いシーモアを指名し、内々に、

「どうかイチの任期中に、彼を教育して欲しい」

と頼んだ。「シー・モア」、もっとよく見ろという意味深長な名は、青年時代愛読したサリンジャーの『ライ麦畑でつかまえて』の主人公と同じで、この再会に暗示的啓示を覚えた。

CT用の教材であるカードとプリント数枚を綴《と》じ込んだ小冊子を私が作り、シーモアが印刷業者に注文した。試作品を作り、相談しながら話を進めていこうと伝えてあったのだが、シーモアは試作品を作る前に独断で業者にパソコン上のデータを持ち込み、口約束だけで契約を済ませてきた。納期が大幅に遅れて届いたプリントは一枚ずつバラバラで、しかも予定していた日々の成果を記録する用紙が抜けていたので印刷して補い、私がほとん

ど一人でホッチキスで綴じた。完成した小冊子に今度はドクターからクレームが付いた。教育省のロゴと、著作権の表示を入れた表紙を新たに作り、綴じ終えていた冊子を全部解いて綴じ直した。カードはこれより納期がさらに遅れ、一時は実施を取り止める瀬戸際まで追いつめられた。クリスマスと年始の休暇が過ぎた三学期に入ってからようやく届いた。そんなことでてんてこ舞いしているうちに、五カ月間の教室での使用を想定して作ったCT教材は、実際には一月半だけに短くなっていた。

命が縮むような危うい船出ではあったが、ともかくCTは出港した。幸いにもパイロットの七つの小学校の三年生千人余りのCTの評判は極めて良かった。それまでは毛嫌いされていた数学の授業だったが、CTが導入されると生徒たちは目を輝かせ、夢中で取り組み始めた。その様子に教師たちは仰天した。数学力の向上効果はまだ解らないが、生徒の集中と、CTを続けてやりたいという教師たちの反響を受け、JICAとジャマイカ教育省が共催で新年度から対象を二十の小学校全学年に規模を拡大し、年間行事として実施することになった。

シーモアの、計画を作らない、確認を取らない、ルーズな時間管理に恐れをなした私は、

「初めの十分の準備が後の十時間の作業短縮に繋《つな》がる」というメッセージを、彼の失敗を責めないでうまく伝え次の作業に生かしたいと散々考え、何度も手紙を書き直してから手渡した。口頭でもシーモアに伝えた。二〇一二年十月に健康診断で一時帰国する時までには、各校でCTが始められているよう準備万端の積りで臨んでいた。シーモアは「OK大丈夫」と言ったまま黙りこみ、前回同様準備が進まないままに時間ばかりが過ぎ去り、前回と同じことを繰り返した。此処に至り、「じゃあまあいいか」と嘯《うそぶ》く唇は青ざめ、腹は幾度も煮え繰り返った。目が冴《さ》え眠れない夜夜を経て、(あのパイロット七校の教材作りが、段取り不足から多くの時間と労力が浪費され、CTの教育効果が半減したと感じていたのは、実は私だけだったこと。シーモアは何の問題も、改善の必要も無いと受け取っていた)という状況把握《はあく》をようやく受け入れた。彼には私が思い描く質(クオリティー)の段取りとか計画を立てた経験がなく、その概念も希薄、その上若さの先走ったエリート意識が学ぼうという姿勢を削いでいたのだろう。

「シーモアよ、『シー・モア(もっと見ろ)』」と声を掛け、どうしたらドクターの依頼に応えられるかと頭を絞った。現場教師より、相棒の教育にてこずっていた。というより、正直なところお手上げだった。

二〇一二年九月初めからCTを授業に取り入れる予定は、結局年を明けた一月にずれ込んでいた。日本への一時帰国から戻り、私たちはCTの実施状況を視察に、十一月から全国に散らばる小学校めぐりを始めた。私の留守中の十月末にシーモアが各校に配った教材は、私が戻る前に荷造りをあわてててやったのだろう、不足が目立ち、未《いま》だクラスに配られていない冊子とカードが一緒くたにバラバラになって放り込まれている段ボールが、手つかずのまま眠っているという光景が、あちこちの学校で散見された。箱の中身の内容や数を記録したものも無ければ、受け渡しの際の数の確認もしていない。郵便が信頼できないこの国では、現物を直接持参するしかないのだが、せっかく配布しやすいように印刷所から出来上がってきた同じ枚数ずつ束ねられた教材の束を、数を確認すると言ってバラバラにする。学校の先生が配りやすいように束ね直すという発想が少なく、箱の中にバラバラになって散乱している数字カードをのぞいて、ゾッとすると同時に泣きたくなった。（教育現場の教師たちを助ける試みが、彼らの負担を増すことにすり替わっているではないか。これを忙しい教師に整理させ配らせるのは酷な話だなあ）

「あと一年の任期は、不足教材の後始末に奔走《ほんそう》することになる」と私は覚悟を決めた。他に道はない。しかしいったん決めたハズの覚悟が、腹にしっかり納まらない己の器の小ささをその後繰り返し感じさせられた。何故相棒はこれ程に段取りをしないのか、あるいは出来ないのかと考えていた。この手の問題はジャマイカ駐在のジャイカ・ボランティアの間で度々話題になり、我々はみな共通のやり難さに頭を悩ませていたのである。

私の考えはやがて一転し、日本人の段取りや時間の使い方に向かう。世界の中では日本人の方がむしろ外れた位置に在ることに思い至った。何故日本人はかくも段取りが出来、時間を守って行動出来るのか。世界の中ではこの方が、理解できない信じられない現象として映っている。

稲作農業では、より多くの収穫を得るための年間を通しての段取りや、日々の世話が死活的に大切になる。集落の協同作業が欠かせない労働形体が、大きな争いや戦争を避け、もめごとを平和裏に収め協力し合う日本人気質《かたぎ》を生み育てる要因になったのだろう。島国で異民族の侵略から守られ植民地にならずに済んできた、幸運で稀有な地理的恩恵に浴してきた。類い稀《まれ》な恵まれた環境が、日本人の滅私奉公の性向や、技術革新や知識の蓄積の価値を育てる日本文化を醸成《じょうせい》してきたのではなかったか。

一方狩猟中心のアフリカでは、食糧供給は不安定で生活に余裕が生まれず、文明開化の礎《いしずえ》となる社会分業も進まない。言葉が停滞し、文字が発明されず、情報や知識が共有されず公教育もない社会が続いた。西欧文明に征服され、奴隷として連れてこられたジャマイカでは家畜同様に扱われ、段取りする自由もへったくれもない生活があった。何事も主人の意志で決められ、生き残りを掛けたひたすら受け身な生活を続ければ、進歩への意欲も動機も生まれ難い。何万年に渡って代々引き継がれた文化遺産が、今も子孫のＤＮＡ内に生き長らえているのだろう。

ジャマイカ人の街と街を結ぶ長距離バスに時刻表はない。あるのは乗客で席が埋まれば発車するという不文律であり、人々はそれが当然と思っているので、そこに問題はない。不都合を感じるのは日本人だからである。「じゃあ　まあいーか」は、だいぶ年期が入って来た。しかし「シー・モア（もっとよく見ろ）」が、シーモアからの、ジャマイカ文化からの、私や日本文化への発信でもあると捉える発想から私はまだ遠くにいた。

私は、自分が上から目線なことを自覚しつつ、彼らの考えや行動パターンが何も変わらないなら自分がここに来た意味が無いと思う。目の前の若造の落ち度で躓《つまず》いて悪戦苦闘になったと事態をとれば、腹が立ち我慢しなければならないのが必然になる。しかし所詮《しょせん》自分の思うようにしようと思うことに無理があり、周りにはどれほどハタ迷惑だろう、と捉え直せば、たとえ問題はあるにしても、CTが始められ受け入れられ広められてきた幸運な事実にただただ感謝するところになる。ここはジャマイカの土俵の上で、急がず騒がずゆっくりいこうと腹を括《くく》った。

私は独り車を走らせ、国中のCTを実施している小学校めぐりを始めていた。時間を気にすることなく、ジャマイカ仕様と言えば言えないことも無いが、さまざまな子ども、先生、校長と、学校で働くまかないの人とも何でもない話ができた。ごく簡単な報告メールをドクターに送っていたが、「イチは独りで遠方まで訪ねて行ってくれているの」とえらく感激して皆に話し、(これが役にたつのか)と内心で疑っていた私を嬉しがらせた。私の時間の質は、あえて言えば前半が日本仕様、後半がジャマイカ仕様と言えるが、ジャマイカ時間では腹を立てずに過ごした。「ジャマイカを」ではなく「自分を」変えることで、ジャマイカ時間をともかく乗り切った。帰国後、腹を立てることが激減したのは、腹を立てそうになる度にジャマイカを思い出していたからに違いなく、ジャマイカ効果が齢《とし》取る自分の中でどうなっていくのか見るのが楽しみである。

国鳥ドクターバード

スペシャル・ランチ

任地ジャマイカに赴任直後の一カ月間の研修を終え、私は首都キングストンの、ケーノード・センターの教育省に配属された。昼時になったけれど誰も何も言ってこないので、これはじっとしていたらまずいと思い、取りあえず建物の外に出て食べ物を探すことにした。制服を着た三人のガードが厳重に見張っている正門から恐る恐る出、教育省の高いフェンス沿いの一本道をブラブラと、敷地の外の通りに向かって歩きだす。車で連れてこられた時には気がつかなかったが、南北に伸びる表通りまで出ると、左右に思いの外殺風景な下町が拡がっていた。穴だらけの道の脇に、原色のペンキで塗られた箱型の平屋コンクリート造りが、教育省のフェンスとは道路を隔てた反対側に三つ見える。通りにはそれっきりで他に建物らしいものは何もない。道路の向こう側はただむき出しの凸凹のまま整地されていない土の地面がある。その奥まった低地の木々の間から、バラックの民家のトタン屋根がチラチラ見え隠れしている。炎天下をそろそろ歩くと、一軒目では四、五人の男たちが中で家具らしきものを作るか修理していた。道路沿いに壁がほとんど付いていないので、家の中が丸見えである。二件目の薄暗い中を覗くと、コンクリート床の室内は床から天井まで張り巡らせた泥棒よけの金網で、外内二つに分けられている。金網の向こう側に駄菓子屋兼雑貨屋と弁当屋が並んであった。金網の外から中に居る男の店員に向かって二百円の小のフライドチキンを注文した。一円がちょうど一ジャマイカドルなので、海外旅行で難儀する為替計算の手間がこの国では要らない。日本では見かけなくなった持ち帰り用の白い簡易弁当容器の蓋《ふた》を開け中味を見せ、「これでどうだ」という仕草をした。点検の余裕など無く、とりあえず私が「ＯＫ」と応えると、男は蓋をして短く切ったトイレットペーパーで巻いたセルロイドのフォークといっしょに弁当容器を黒色の薄い袋に入れて渡した。汁がこぼれないよう水平を保って持ち帰った。ふたを開けると、鶏肉のフライ二切れが、大豆らしい茶色の豆が混ざった茶色の御飯の上に載っている。鶏肉の横には、生キャベツを刻んだのにニンジンの赤がところどころ色を添えるように混ざっている生サラダが少しだけ添えてあった。それまでが外食の濃い味付けだったせいもあるのか、私はこの淡泊な家庭料理風の素朴な味つけが気に入った。他と比べるという気も起こらず、当然のように毎日ここで昼飯を買うようになり、そのうち電話で出前を頼めることを知った。私は若い時には鶏肉に何のこだわりも無かったが、鶏に目の無い家内が、自宅近くに鶏肉のめっぽう旨い店を見つけたと言ってせっせと通いだしてから十年位は毎日鶏が食卓に載っていたからだろう、食傷気味だった。それなのになのか、そのお陰なのか、ジャマイカで出てくる鶏はすごく旨いと感じた。ちなみにジャマイカの代表料理のジャークチキンは、山に沢山自生する特別な木の薪《たきぎ》に被せて置いたトタン板の上で鶏肉を燻《いぶ》し焼くピリ辛鶏肉料理だ。ビールでやればこの上ないカリブの料理になる。話を弁当屋のフライドチキンに戻すと、私は「もう五十ドル余計に出すから、その分野菜を多く入れてくれないか」と交渉し、二百五十ドルの昼飯を一日の食事の中心にした。サイズに小、中、大があったが私には小で一日分の野菜も肉も米も取れる量があり、朝と晩の食事は軽めにした。ジャマイカ人一般の旺盛な食欲は私の目には半端ではない。

毎日オフィスまで注文された弁当を届けに来るのは、小柄な五十がらみのおっさんと二十歳そこそこの顔に青いアザの有る青年の二人で、炎天下の片道二百五十メートル程の道のりを繰り返し歩いている彼らの姿をよく見かけた。私はというと自分でも不思議なほどに飽きもせず、毎日同じフライドチキンを食べ続けた。感動から思い余って、ある日青年に五十ドルチップを渡した。すると直《じき》におっさんが飛んできて、

「うちのはちゃんとお釣りを渡したか」

と聞き正した。私は嫌な予感がした。

「そうだ。けれど余り旨《いま》いから三百ドル渡した。五十ドルは彼へのチップだ」

と言うと、今度は青年が血相を変えてやってきて、五十ドルについて何やら言いだしたので、これはまずいことになっていると悟った。

「あの五十ドルは店にではなく、あんたに渡したチップだから安心しろ」

と言い、おっさんにもそのことを伝えたが、おっさんは何時までも腹の虫が治まらない風だった。その一件以来青年は私になつくようになった。

　私は出前でも、店で買う時も、お前の弁当は旨いとか、今日も美味しいスペシャルランチを頼みますと、褒《ほ》め続けた。弁当の中身はこれで儲けがでるのだろうかと心配になるほどに充実していった。

　ある日を境に青年の姿が見えなくなった。店を訪ねると彼は辞めたという。それ以上の

ことは聞かなかった。青年に不満のあることは感じていた。あの顔に青いアザのある青年がいつか私のシャツを褒めたとき、いつもランニングシャツ一枚の彼にそのうちシャツをあげようと思った。その機を逃してしまったことを悔いた。

味が良いせいだろう、店の客はどんどん増えているのに青年の足がなくなったので、私は自分で歩いていくことにした。それで店にいる料理係のおばさんと言葉を交わす機会が増えた。オフィスの机から離れ、昼飯前に少し歩くのは気分にも健康にも良さそうに思えた。それがある日突然、今週限りで店を閉めると聞かされた。この建物は貸家で、大家から出るように言われたという。閉店の前日、日本製の婦人用のハンカチ二枚を持っていくと、真っ黒な手を持つ二人の婦人は喜んで受け取った。

半年以上私を支えてくれていた弁当屋を失ったショックは少なくない。同じ通りの三十メートル先に、前の店と平行に建つ同じ造りのピンク色のバーが在り、外からカウンター席に労務者風のなりをした男の影があるのをチラチラ目にしていた。ジャマイカの何処にでも見かけるこの手の店に違わず、外壁には下着姿で後ろ向きにしゃがんで、顔だけこちらを振り返っているセクシーというより酷《ひど》く卑猥《ひわい》な女が描かれている。後で気づいたことだが、ジャマイカのＪＩＣＡが我々ボランティアに立ち入りを禁じている地域を示す赤いマーカーが、この通りを示す地図上を塗りつぶしていた。職場が立ち入り禁止区域の通り沿いにあること自体が矛盾だが、それを指摘していたらこの国での我々ボランティアの活動は不可能になる。薄暗い店内に入るとバーカウンターの内側に退屈な表情の女がいて、その横上の棚にセットされたテレビが腰振りダンスのビデオを流していた。バーの奥の宝くじを売る格子戸の付いた小さな窓の前で、数人が自分の番を待っている。明るい光に慣れた目を凝らしても、そのさらに奥の洞穴の中までは見えない。しばらくして、暗くて狭い空間で二人の料理する黒い人がうごめいているのを発見した。ここでフライドチキンを注文し始め、前の店でしたように追加の野菜に五十ドルを支払うことにした。美味しかったと褒める言葉が効果を及ぼしたらしく中味が良くなっていった。三カ月も経ったある日行くと、調理場がすっかり空になっていた。訳は分からないが閉店になったことを知った。

気に入った弁当屋を続けて失い、車を使って他の店を探したが高くて不味《まず》く、買いに行く時間も掛かった。初めに贔屓《ひいき》にした店と同じ所で別人が始めた弁当屋を二度試したときには、もう一度行きたいとは思わなかった。そのうえ、店先に『貸出』の貼り紙があり、客がつかないのでもうすぐ潰《つぶ》れるのだろうという勘ぐりが働いて、足が遠のいていた。ピンクのバーの先に店らしい建物はなく、ただ貧しさを際立たせる傾斜地の上に掘立小屋があり、よく見ると子どもの駄菓子を置いて売っていた。アスファルトと穴のどちらが広いだろうという荒れたままにまかせた道が伸びていた。今は仕方ないが、そのうち何とかしようと、初めの弁当屋と同じ所で始めた気に入らない弁当屋で妥協することにした。

『貸出』以外の表示がない小さな建物は、どう見てもごく近所の人だけにしか、ここが弁当屋とは分からなかったのではないか。道に面した外壁に二つの入り口が開いている。入ると、正面と左手にあった駄菓子と雑貨売り場は今は片づけられ、空の棚がかえって粗末な棚板や汚れた壁や天井を目立たせていた。右手の弁当屋の棚に弁当を詰める白い容器が束になって重ねられている。殺風景で陰気な空間が、無愛想なパートの受付の応対でいっそう際立っている。私は瞬間逃げ出そうとして踏みとどまり、その奥にある別棟に目をやった。広くて外の明かりを取り入れた調理場で知らない二人の影が動いている。この中年の姉妹の姉が店のオーナーで、この辺りの地主をしていた。日が経つにつれ、彼女は料理の腕はめっぽう立つが商売に疎《うと》いことが分かってきた。

この店でも野菜を追加するフライドチキンを注文した。薄暗い土間から、「こんちは」と大きな声で呼びかけ、返事があると、「今日もスペシャルランチお願いします」と殊更《ことさら》明るい声で注文する。その声を待っていたようにそそくさと調理して笑顔で持ってくる。ホテルで出されるジャマイカ料理の大雑把《おおざっぱ》な味付けを経験していたから余計にここが引き立つのか、このおばさんの料理は薄味でひと味もふた味も上等で、肥えた私の舌を十二分に満足させた。美味しかったという感動を伝えているうちに、この店でもさらに美味しさが増すスパイラル現象が起こった。魔法を使えるようになった気分がした。

「お客の入りはどうですか」

と聞くと、

「うーん」

と詰まってしまう。気になっていた『貸出』の貼り紙は、弁当屋のことではなく雑貨屋用のスペースのことだというので、

「あれを見て、てっきり弁当が売れないのでこの店は商売を止めようとしているのかと思ってました。出すんなら『雑貨屋店舗貸し出し』、くらいにしないと誤解されませんか」

と言うと、困った顔をしていたが『貸出』はそのまま貼られていた。しかし「ここが弁当屋と誰にも分かる、案内が要りますね」の私の言葉には、翌日から今日のメニューを手書きした小さな黒板を、外壁に立てかけて応えた。

一年もフライドチキン一辺倒だったが、おばさんに勧められ『アキ&ソルトフィシュ』を試すとそれはこれまで経験のない素晴らしい美味で、それからはメニューはお任せにした。アキの鮮やかな黄色の木の実は、やわらかで、生うにに似た食感がある。それに塩漬けの魚の塩分を適度に抜いたものをほぐし、玉ねぎなどの野菜と一緒に茹でたアキ&ソルトフィシュは、『ジャークチキン』と並ぶジャマイカの代表料理だ。ソルト・フィシュは、ほどよい塩分の抜き方が味を決めると思う。

褒められたら人はどんどん輝く不思議を、こんなに分かりやすく実証できたことに驚いた。彼女の素晴らしい舌と料理の才能を引き出した自分に、自信を取り戻していた。

いつの間にか、私はこの店の経営アドバイサーになった気分でいる。ある日、
「お金が無い」

外壁に立てかけたメニュー板

と言うおばさんの話を聞くと、

「つけで注文をする客が多く、食材を買う金がない」

と言う。商売するには信じ難い甘さがあった。私は大きな模造紙に太いマジックで『世界一旨い店　日本人アドバイザー　イチ』と英語と日本語で大書して持っていくと大変喜んだ。次の日には模造紙は入口の戸いっぱいに釘でとめてあった。宣伝文句が効いたのかどうか、店の評判は上がり、客足が増えていくのを私は楽しんだ。


実はもう一つこの店に行く楽しみが生まれていた。おばさんの二歳の孫娘のマヤちゃんが、網の向こう側で独り遊びしていたり、食事をひとり黙々と食べるのを目にしていた。声を掛けてもただ静かに無反応でいた子が、親戚の男の子たちと外で遊んだ夏休みが過ぎると、私の姿を見るとぴょんぴょん飛び回って喜びを爆発させる活発な女の子になっていた。余り勢いよく跳ねるので、あたまを柱や棚にぶつけるのではないかとハラハラしたが止まらない。私もいっしょにぴょんぴょん跳ねた。この子が恥ずかしそうに笑いを堪《こら》え切れない大きな瞳を見開いてチラッとこちらを覗き見る仕草に、掛け替えのない貴重なプレゼントを受ける心持がした。マヤちゃんの発する生命の輝きが眩《まぶ》しく、僅《わず》かなやり取りが楽しかった。

「実は日本に帰ることになりました。今日がここに来る最後の日です」

と挨拶すると、おばさんは金網の外に出て来て、信じられないといった表情で

「今日が本当に最後の日なのか」

と拙《つたな》い英語で言う。

「はい今日でお別れです。おばさんの弁当が楽しみで今日まで通い続けることができました。心のこもった美味しいお弁当をありがとう」

おばさんはしばし絶句し、

「貴方がいなくなったら寂しい」

と言って涙ぐんだ。私は胸が熱くなり、

(文字通りこれが今生《こんじょう》の暇乞《いとまご》いになるなあ)

と心の中で強く意識し、涙を落とすまいとこらえていた。

客をつかんだポスターをバックに
左　同期隊員と日本から訪問中の友

(貴方からいただいたのはダイヤモンドのように輝く時間でした。感謝の思いで胸が痛みます)

ジャマイカの警察官

日本にいる時、ジャマイカ移民の英国人ティーシャイさんから、
「ジャマイカでは警察官は全く信用出来ない。何しろ彼らは悪漢だから」と、簡単には信じ難い話を聞かされていた。一緒にジャマイカに赴任した石原君は、短期隊員として以前にもジャマイカの経験があり、その時キングストンでギャングと警察の派手な銃撃戦がドンパチ繰り広げられる音を、ＪＩＣＡの寄宿舎にカンヅメになって聞いていたと話した。

よく街で見かける、黒尽くめの制服に身を固め二人以上で連隊を組んだバイク騎乗のマッチョな警察官の姿は、いつか映画で見たような辺りを威圧する雰囲気である。ギャングは怖いが断然警察官はもっと怖い、という印象を私の頭に刷りこんでいる。

インターネットで得た二〇一〇年五月二八日付けのニュースには、アメリカから指名手

配されていたドラッグの帝王クリストファー・コーク逮捕を巡っての、キングストンでの警察官とギャングの闘いで、死者七十八人、拘留《こうりゅう》者五百人以上が出たとあった。コーク親分は地域住人に広く親しまれていたともあった。住民の家賃援助や、子どもを学校に通わせたという。

ちなみに私が神戸で以前住んでいた家は、日本最大の暴力団山口組組長宅のすぐ山の手にあった。二十年前の神戸大震災の折、断水で困っていた付近住民にいち早く飲み水を配りに来たのは、任侠《にんきょう》ヤクザたちだった。敗戦後風紀の荒れていた神戸の治安を、街をうろついていたチンピラを集め反社会的存在から私設警備団に教育し、弱体警察に代わって取り仕切ったのがヤクザの親分だった。こういう男気が任侠ヤクザの元々の由来である。「暴力団」の命名は、敗戦後ようやく治安が回復してきた頃の国家権力警察の都合によるものだ。任侠にとってははなはだ失礼な話なのだが、東西国を替えてもどこか似ているところがある。

ジャマイカでは、南米産のドラッグをアメリカに運び込む経由地として、ギャングが大いに栄えた。しかし、コークの逮捕をきっかけにジャマイカギャングは力を失い、警察の地位は飛躍しつつあるように見える。

ＪＩＣＡのボランティアには外交官用パスポート公用旅券が支給され、シニアボランティアの自家用車のナンバープレートは外交官用の黄色を使う。私の職場がある教育省に勤める沢山の職員の中で、ただ私だけがフリーパスで門を通れるのは、黄色のプレートの威光であり、その輝きは海岸線に張っている警察の検問でも有効だ。先日車で独りモンテゴベイの小学校を訪問した帰路、北海岸に沿う良く舗装された道路で、制限時速をかなりオーバーしていてネズミ捕りで張っていた警察官に停止を命じられた。センターラインに立ったマッチョを絵に描いた警察官は、窓から顔を出した私に硬い表情で、

「ハロー」

と、声を掛けて来た。私は完全に観念していたので、にこやかに余裕をかました、

「ハロー」

を、ゆっくりとハッキリと、幸せな天皇陛下ならこうされるだろう挨拶を返していた。すると

「行きなさい」

である。訳が分からなくて聞き返したくらいだ。つまりフリーパス。とにかくこれだけで無事御免の釈放となった。

こうして一平民だった私は、彼の地で外交官特権を得ることの意味を知り、その味も覚えた。何故スピード違反が問われなかったかというと、それはもっぱら警察官の都合による。彼にとって、外交官をしょっ引くことの事後に予想される煩雑《はんざつ》な面倒は、割に合わないと判断したのだろう。というより、こういう場合の処方箋《しょほうせん》があって、その公式に従ったまでのことだ。

これと前後した日、聖キャサリン地区の田舎にあるタイム・アンド・ペイシャント小学校を訪問しようとしていた時のことだが、道を尋ねたバイクの若い警察官は、私を先導し延々三十分も走ってくれた。その学校には、以前カリキュラム作成の作業の合宿で同室だった若いデービス先生がいて「大統領かと思ったよ」と冷やかされた。

警察官は権力に従順である。権力を一度持った人間がどうしても手放したくなくなる心理が分かった。そして特別扱いされた自分が、偉い人間になったような錯覚まで起こすことも。私にとって今やジャマイカ警察官は頼りになり守ってくれる、けれどやっぱりどこか怖い強い味方なのだ。

先導してくれた警察官
タイム アンド ペイシャンス小学校にて

女と男

ドクター・キャンベルの、若い官僚シーモアに掛ける期待には並々ならないものがあった。ジャマイカの数学教育を育てるのは彼を措《お》いてないというボスの思い入れと、シーモアの思惑《おもわく》には相当の開きがあったように思う。新しいプロジェクトCTにシーモアと私が二人で取り組むことになり、彼の運転するホンダの助手席に同乗し一年近く全国を走り回った。

ある日モンテゴベイの南山中に在る彼の実家を初めて訪ねた。今は廃線となった単線路跡が残る村から彼の家に向かう山道を登るのに、彼の四輪駆動が必要だった。山の斜面を足場に建つ荒れたコンクリート剥《む》きだしの家は、バナナやマンゴウや様々な木々に囲まれた森の中にある。そこにシーモアの母親と妹とその小学生前の子ども二人が住んでいた。シーモアは両手の袋に入り切らない土産物を車のトランクから何回かに分けて運び上げ、リビングの大きなテーブルの上に広げた。ほとんどが食料品で、恐らくはキングストンでしか手に入らない差し入れだった。一年中毎日の最高気温が三十度を超えるこの国では、冷気が入らないようにという工夫は要らない。逆に南国共通の、涼を外から取り入れる造りで、リビングの奥にあるバルコニーで、大家族が使い古した様子の長椅子に座ってシーモアの母親と話をした。自信を持つ人が湛《たた》える落ち着いた雰囲気の婦人は、十四人の子どもを産み、シーモアは一番下だという。

「あの子はいつも私たち家族のことを考えていてくれる。本当にありがたいことよ」

と、しっかりした口調の分かりやすい英語で私だけに話した。シーモアの強いジャマイカアクセントに苦戦していたので彼女の英語は意外だった。シーモアはようやく完成したばかりのCT教材冊子を一部、母親に手渡した。表紙には教育省の紋様、この教材が日本政府とジャマイカ教育省の協同作業で出来たという説明、それに私とシーモアの著者氏名が印刷されている。シーモアの誇

シーモアの実家にて
母、姉とシーモア

らしい思いが伝わってくる、私には懐かしく嬉しい場面だった。
シーモアはここからモンテゴベイにある高校までバスで通い、大学を卒業後高校で数学を教えていた。他日私が
「教育省の中枢コア・カリキュラム・ユニットの役人となれば、エリートだね。」
と、言うと
「その通りだ」
とストレートに答えたことがある。あくまでもキャリア上昇志向だ。キングストン郊外の家には美人の奥さんと生まれたばかりの双子の赤ん坊がいて、ケイタイに納まっている写真を私に見せた。
シーモアは私の横で車を運転している間、片手でハンドルを操作し、反対の手にケイタイを持ち続けている。次々と別の女性と話しているようで、宿泊の伴う出張ではホテルに着くとさっさと姿をくらました。初めの頃は夕食を一緒にと考えていた私だが、数人の同僚同伴でも彼だけは同席した試しがない。女性への気配りは実にまめで、オフィスの若い秘書たちの送り迎えの便宜《べんぎ》を図っていた。地方の学校を訪問すれば、すぐに若くて綺麗な

女先生と親しげに話し出し、何処かと探すと学校の廊下を二人でデートしているのを見つけるという風で、前々からの付き合いかと思っていたら、後で名刺を渡していた。ガール・ハントは、私や周りの教師たちの目を気にするまでもなく、ただ本音のままの伊達男《だて》を演じていた。キングストンへの出張帰りの高速の路上では、いったん抜いて後ろを走っている車を手を上げて路肩に停めさせ、運転していた若い女と話し込んだ。名刺まで渡して別れたとき、

「知り合いか」

と、尋ねると、

「いいや、そうじゃない。」

「いま初めて会ったのか？」

と念を押すと

「そうだよ、今初めて会った。彼女は○○に住んでいる」

である。つまり四六時中好い女を追いかけて、男の本能に真正直に人生を謳歌《おうか》していた。

学生時代四百メートル走者だったという、上背はそんなに無いががっしりした体躯《たいく》を持ち、

エリートの肩書、十三人の兄姉に相当鍛え上げられたと想像させる人間観察や操縦に長《た》けている。健康な男の何たるかを、私に「シー・モア（もっと見ろ！）」とありのまま見せてくれたことは、今となっては有難い。光源氏の昔から好色を男の嗜《たしな》みとする時代は我が国にも続いたし、今日では女に興味を示さない若い男たちの登場が却《かえ》って問題視されている。しかし、数学教育への情熱を疑わせる生活の優先順位ぶりが、一個人を越えたジャマイカの前途の難しさを語っているように思えた。

地方の学校で体育の教師として働いていた若いＪＩＣＡボランティアは、アメリカからやってきて彼女の授業を手伝っていた日本人の男友だちが、水泳授業の後ロッカールームで、男子生徒の前で素っ裸になって着替えたことが教師や保護者から批難を受け、校長から厳重な注意を受けたと落ち込んでいた。たとえ同性にでも容易に急所を見せないというジャマイカの文化を知らないことで起こった文化摩擦だ。その一方で、ジャマイカのテレビが毎日流している腰振りダンスは、その動きの振幅の大きさ、激しさ、地を這《は》う腰の軌跡のエロの演出において、私には初めての度肝を抜かれる見世物だった。けっして性器は露出させないけれど、男女が腰と腰を押し付け合い絡ませる。別の日本人の若い女性ボラ

ンティアは、軽蔑しきった声で
「あれって・・・そのまんまじゃないですか」

と、いつもは物静かな彼女からは想像出来ない激しさで吐き捨てた。

バーのテレビ画面が流している映像も同じで、校長からの厳重注意の話を聞いた時、それがこの毎日繰り返される性エネルギーを爆発させるテレビ映像とどう折り合いがつくのかと、怪訝《けげん》な面持ちになった。後になって、教育省のカンヅメ合宿中、観光ホテルでの生演奏で、私は飛び入りで同僚の女性といつか自分でやりたかった腰振りダンスを踊り、場を大いに盛り上げ喝采《かっさい》を浴び、後々語り草になった。

ジャマイカの男たちは、独身妻帯に関わらず、のべつ女の尻を追うことに生きがいを持っている。その成果が、世の中シングルマザーだらけの現象だ。女性たちは初めから、自ら働き、子どもたちを養い、男を頼りにしない生き方を受け入れているようにさえ見える。初めは驚いたが、ミスと呼ばれる若い女性が腹を膨らましても不運を囲う悲壮感はなく、周りも本人もおおっぴらに構えている。処女受胎のマリアのように、神の子を授かったという諦念《ていねん》で女は強い者に生まれ変わるのだろうか。女に魅かれるのは男の性《さが》、宿命ならば仕方ないという了解が、この社会にある歴史的事情で普遍化したと見る。

私は社会学者でなく、調査・統計という数値の裏付けで話をしている訳ではないし、女と男の話は自分の国でも持て余す。ただ同じ人間であって同じ本能を持っていても、所が変われば社会現象に大きな違いが出る。一見理解を越えた振る舞いにも、それを産んだ事情がきっとある、と考える。それが何なのかを分からないなりに書き留めようとしている。

人は美しいものだ。それは世界共通だが、ジャマイカの女性は二十歳半ばを過ぎると、まるで硬い殻から脱皮でもするように急に容積を増し、あの愛くるしいマドンナとは別人の巨人になる。有り得ない旺盛な食欲で、そのくせ砂糖を控えるそぶりを見せるが、実行不可能だ。これは女の、男の背信に対するリベンジではないかと私には思える。自分の夫が他の女を追う姿に、娯楽の無いジャマイカでは、あとは食欲でおのれを満たすしか手がない。そして女は女同士ツルンで、大声で話し、大声で遠慮会釈なく笑い、吠え、人生を謳歌《おうか》する術を覚えた。男たちは何処へ消えていくのだろう。小学生が毎年受ける幾つかの全国統一試験の男女別の平均点はどれも女子が男子を十点以上引き離している。教育省の役人は圧倒的に女性が多く、ボスが女性、私の滞在中に返り咲いたミラー大統領も元首エリザベス二世も女性、会議を仕切り発言するのはたいてい女で、男たちは静かに控えているという図が頭に浮かぶ。たとえ英雄のレゲエ歌手ボブ・マリーとスピードランナーのウサイン・ボルトという男がいても、典型的女性上位社会は揺るがない。シーモアも他の男たちに違わず、グレート・マザーの手のひらの中で踊っているのに過ぎないのだろうか。私はジャマイカの男たちをシーモアを通して批判したが、それは自分の文化では遠慮して出来なかった天衣無縫なオスの振る舞いを、どこかで羨《うらや》んでいたことの裏返しではなかったかと、帰国した今になると思い当る。シーモアは私の前で本能を隠さなかったが、私は『良き隣人でありたい』という信条を貫き、本能は伏せて通した。ジャマイカ人には不健康かつ不可解だろう。

私の腰振りダンスがあれほど彼らに受けたのは、イチも我々ジャマイカ人と同じだという親近感からだろう。もちろん意識的にそれを狙った行為ではあったが、同時に本音で踊ってみたかったのも事実だ。

「この国では、男が種付け馬で、女が生活の主役を演じている」というのが私のまとめだ。だからこれは『男と女』ではなく『女と男』の話である。

カリキュレーション・タイム（計算時間）ＣＴ

シニアボランティアとして、ジャマイカ教育省で私が新しく立ち上げたＣＴが生まれるきっかけとなる発見は、私の中で忘れ難い記憶として残っている。薄皮が一皮ずつ剥《む》けて正体が露わになったのではない。『これ』をきっかけにかかっていた濃い霧が風に吹き流されて、全貌《ぜんぼう》が突然目の前に現れたというのが、私が受けた心象だ。私にとって記念碑となった異文化体験から始めたい。

日本政府の海外援助を総括している機関ＪＩＣＡに、二〇一〇年カリブ海に浮かぶ島国ジャマイカ教育省の本省から初めてのボランティア派遣要請があった。そこには『我が国の停滞する数学の成績を改善すべく援助が欲しい』という大きなテーマが書かれてあった。内心恐れを抱きつつ、未知の国で新しい試みにチャレンジできるかもしれないと胸を躍らせた。日本の五十分の一という人口は、日本でいえばほぼ一県の規模にあたり、存外小回りが利くかもしれない。何も知らない地球の裏側での二年間の生活に不安と期待をないまぜにして飛び込んだ。ジャマイカにはこれまでもＪＩＣＡは多くのボランティアを送り込んできたが、教育省本省への派遣は私が初めてになる。

何をするか決めるのはとにかく三カ月経ってから、という指針だけを持っていた。初めの三カ月は出来る限り多くの人に会って話を聞き、教科書や文献に当たり、実施された全国テストを調べて学力レベルを測り、そして何より学校の教育現場に足を運び、自分の目で現状を把握することに精を出す。何に取り組むかは、この国の問題を見定めてから決める、というその三ヶ月目に早や入っていた。現場に足を運ぶこと以外は全て試みたつもりだが、何もかもが雲をつかむようでハッキリとは見えないもどかしさに焦り始めていた。解ってきたのは、子どもたちは数学（ちなみにこの国では算数という言葉は使わず、数学ひとつに統一されていた）の授業が嫌いだということ。教師たちは数学を教えたくないということ。なぜなら教師の多くは教えるに足る知識が無く、自信も無いということだった。そして数学教育担当のトップのオフィサーに

「どうしたらこの国の数学教育を改善出来るとお考えですか」

と問うと、

「それは不可能だ」

という答えが返ってきた。ジャマイカ人はみな正直に話すので解りやすい。あの大層な要請文は、ジャマイカの混乱と本音の産物で、だからこそ日本に要請があったのだろう。

「何故不可能なのですか」

「教師たちの多くは数学を勉強していないから」

と、不思議なことを口にした。彼女は資料を示しながら、小学校の教師で大学まで出た人が少ないことや、たとえ短大や大学を出ていても、多くは数学を取らずに卒業している実態を説明した。まだ話を呑み込めていない私に
「教師の質が悪いから無理です」

と言い切った。私は内心（えっ、それでは貴方はここで何をめざして働いているのですか）と問い詰めていたが、彼女の思いは（どうにもならないお手上げです）と白旗を上げていた。

小学校と中学校が義務教育になっているが、実際には学校に来ない子どもは少なくない。さらに高校卒業時に全員が受ける、カリブの諸国と共通のテスト問題をチェックして違和感を覚えた。ほとんどは定義を覚えているか、公式が正しく使えるかだけを問うていた。

驚いたことに問題を解くのに必要な公式一覧が、テスト冊子の初めのページに載っていた。複雑な計算を要する問はないのに、電卓を持ち込んで受験することになっていた。そんな中、待っていた小学校の授業に立ち入る機会が来た。

ビッカーステス小学校の三年生の算数の授業では、女の先生が掛算の導入を教え始めた。先生は黒板に『3×2』と式を書き、

「三掛ける二と読みます」

と言ってから、その右側に『=2+2+2』と書く。日本でなら3+3と教えるのに、などと思っていると、先生は掛算の定義を説明した後、

「それではみなさん、2+2+2を計算して下さい」

と指示を出した。しばらく何をするかと考えていた生徒たちはモゾモゾし出す。ある者は指を折り、ある者はノートに何やら印をつけ出した。そして立てた指やノートに鉛筆で打った六本の棒線を、1、2、3、・・・と顎《あご》でしゃくったり、指差しながら数えだした。答がでるのに三十秒くらい掛かっただろうか、それも正解の6に至らない答が多い。背筋にゾクッとするものが走る。何が起こっているのかはっきりした理解にはまだ至らないまま、

これまで探しても見えないでいた問題の本質に、ようやく触れた手応えを感じていた。

以上が『これ』の正体になる。生徒にとって2＋2＋2の足し算は計算というより、数だけ並べて1から数え上げることだった。掛算を足し算を使って定義するのだから、足し算が土台になっている。前提になる足し算が満足に出来ない生徒に掛算を教える無理が国中で展開している現実が、この発見をキッカケにハッキリ見えて来た。それが無茶だということは私でなくても日本で教育を受けた日本人にとっては当たり前な自明なことなのに、ジャマイカの先生は無茶と感じていない。たとえ異和感を覚えていても、数学を教えるとはこんなものだと考え続けてきた、という実情がこの見学をきっかけに明らかになっていった。俄《にわ》かには信じられないことだが、授業で教えた新しい計算を一つ二つ授業の最後に練習させるだけで済ましている。次の日には別の単元に移っていくので積み重ねがない。不思議なことに「出来るようになるまで練習する」、という発想が全く無い。発想が無いので教える工夫も見られない。「できるようになる」とは具体的にどういうことかの理解がない。とにかく教科書にかいてある説明をサラっと言って書いておしまいにしている。私がこれまで持っていた「練習して習得する」という当たり前が、当たり前として通用しない世界があることに驚いた。驚いたのを通り越してびっくり仰天した。それをたまたま発見する役が私にめぐって来たのは、たまたまの巡りあわせだろう。練習する習慣がないのだから生徒は出来るようにならない。それを数学の才能がないせいにしている。

彼我《ひが》の環境の違いは大きい。法律では小・中が義務教育になっていても、クラスには空席が目立ち、学校に来ない生徒が少なくない。学校や授業に遅刻してくる生徒に一言の注意も無い。多くの小学校では子どもの数が多いので、午前と午後の二部制が敷かれていた。授業のベルはあってもその通りには動いていない。我々が突然見学に訪れると、教員たちが集められ、当然のことのように授業が無くなった。授業を大切にする雰囲気が薄い。

そんな学校環境の中で、未習熟のまま、足し算を数え上げでしかできないままに学年が進むという恐ろしいことが居座ってきた。イギリス人が書いた教科書の内容は日本のものと比較して遜色《そんしょく》ないが、全く別物の学力が生まれている。六年生でも指を折って足し算をしている。多くの教師は数学を教える自信がなく、教育省の数学オフィサーたちはのべて教師のレベルが低いからだと言って途方に暮れている。確かに二桁《けた》どうしの縦書きの掛算の位取りを知らないで間違ったことを教えていた先生、分数を円の面積図を用いて教えるのに面積を等分に分けない、分数の原理を誤解した図を書いて説明した先生、教えたことの練習問題として別の新たな知識が必要な問を板書した先生がいた。そんな現場に出くわしながらも、それにも増してこれまで教師教育が効果を上げられなかったのは、国の数学教育問題の現状認識が出来ていないからだと私には見えた。誤解された問題認識からは明後日《あさって》の誤った解決策しか出て来ない。上から下まで空回りしていた。

ずっと後日の話になるが、教育大学で学生の数学学習到達度をチェックしている同僚の数学オフィサーに、採点済みのテストの束を手渡され

「イチ、これ見ないか」

と言われた。めくると、小学二・三年生で習う基礎問題が出来ていない学生が、ざっと三分の一くらいはあっただろう。それまでは「算数・数学は積み重ねが大切だ」というのを、お題目くらいに思っていたが、これほど明白な生きた証拠を見たことが無い。小学校一年で出来ないままに、チンプンカンプンの授業を十年以上に渡って受け続けて来た生徒が国民の大部分だろうことは、数少ない高等教育を受けている教育大学学生たちの出来から容

易に推察される。厳然たる事実を突き付けられ、私は文字通り目眩がし足をすくわれた気分に襲われた。そしてCTを始めて良かったと確信を強めた。

数学教育のこれほど重大な欠陥に気づき、修正するチャンスは何処にでも転がっていただろうに、方策を見いだせぬままきた。当たり前とは実に不思議なことだ。こんな簡単なことがと私には見えることが、全く別の当たり前を持っている当人たちにはその単純なことが見えない。二カ月に渡って調査してきた様々な資料が、現場という宝の山に出合った瞬間に何もかもが繋がって、霧の中から本当の姿を現した。

私はかなり興奮していたようだ。それを胸の中に仕舞ったまま、さてどうしたものかとぼんやりしながら一週間も経った頃、まるで私の心を読んでいたように、その時を知っていたかのように、ドクター・キャンベルは

「イチ、貴方はここで何がやりたいの?」

と尋ねた。私の心の中ではすでに決まっていたのだろう。いまだ言葉にして意識されたことのない答のハズだのに、

「小学生相手に、計算練習のプログラムを作ってみたらどうかと思っています・・・」と、彼女の言葉に促されて、自分の口から計画がスラスラ出てくることに呆《あき》れながら自分の言葉を聞いていた。

それからはつきまくっていた。肝心な時、もうCTは実施は無理かと断念しかかった時にはきっと周りから必要な援助や支援があった。ドクターは私の計画が実現するように、すでに年間のプロジェクトとして進行中の『パーフェクト・ピッチ』に参加するように手はずを整えた。ドクターの半ば強引とも取れる強い後押しが得られたのは、彼女が大の日本贔屓《びいき》というのが大きい。が、私が『教育省宛』というレポートを毎週書き続け、彼女に提出していたからもあったと思う。彼女は私から受け取ったレポートはその場ですぐに読み、いつも大きな声でびっくりしたり、感動したり、私もそう思っていたのよと言っては、私を喜ばせた。内容について私と話し合うのを楽しんでいた。私の視点は彼女には新鮮なものだったと思う。彼女は私のやる気を引き出してくれた。

私は自分でも知らぬ間に蓄積していた日本での経験が思いの外あることに感謝した。というのはCTの教材として冊子とカードを用意したのだが、スラスラと満足できるものが

CT の授業

作成できた。この時たまたまキングストンに、若いボランティアのコンピューター隊員石塚君が活動していて、大いに助けてくれた。彼が引き受けてくれなかったら、CT教材を作ることは出来なかった。コンピューター専門の日本人秘書を得られるなんて、ついていたとしか言いようがない。

ジャマイカの教科書、日本で付き合いの深かった公文式塾、私塾、最近日本の学校で流行になっていた百マス計算を冊子作りの参考にし、数字カード作りは、昔私の父が小学一年生だった私に伝授してくれた計算練習方法をそのまま採用した。仕事人間の父から勉強を教わった記憶は他にない。思わぬ所で我が家の文化遺産が生き返って、父は冥土で目を白黒させながらも喜んでいること

〈表紙〉

Ministry of Education

Core Curriculum Unit

Educational

Mathematics Grade 3 Calculation Time

This programme is a collaboration of the Japanese Government

JICA and the Ministry of Education, Jamaica.

September 2013

P1 Trace Dots-Numbers-Words with calling out orally.

1	2	3	4	5	6	7	8	9	10
one	two	three	four	five	six	seven	eight	nine	ten

P2 Fill in the blank sections while calling out each number orally.

〈1枚目の教材〉

P3. Fill in the blank sections while calling out each number orally.

1	2	3	4	5	6	7	8	9	10

P4 Fill in the blank sections while calling out each number orally.

one	two	three	four	five	six	seven	eight	nine	ten

CT用冊子 小学3年生用

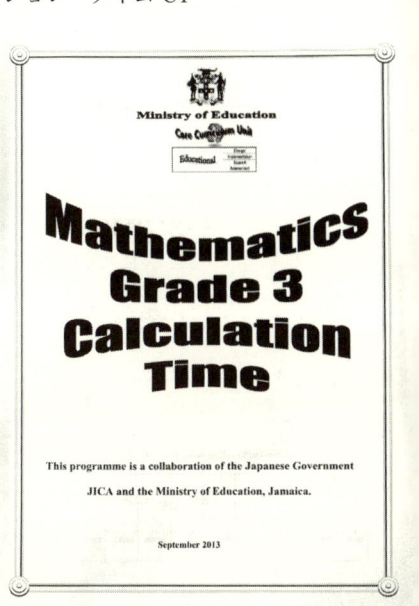

J-J card sheet (J-J Jamaica and Japan)

		10
1	1	11
2	2	12
3	3	13
4	4	14
5	5	15
6	6	16
7	7	17
8	8	18
9	9	19

CT 資料　　数字カード用シート

(切り取ると 3 の裏が )

J-J card sheet (J-J Jamaica and Japan)

だろう。

毎日十五分のうたい文句でCTは、初めは七校のパイロット校の小学三年生千人余りを対象に実施された。二〇一二年度からはJICAから経済支援があり二十校の全学年一万二千人に対象が広がった。さらに翌二〇一三年度には全国百校以上の六万人へと拡大され実施されるに至った。経済破綻《はたん》しているジャマイカでCTを続けられたのはJICA調整員佐竹氏の理解と応援があったからだ。教育省事務次官フォスター・アレン氏に呼ばれCTの説明を求められた。彼女は大いに喜び、今後のますますの発展への期待を語った。

私が離任する二〇一三年十月には入れ替わりでCTを引き継ぐ二代目のシニア・ボランティアの菅原さんが赴任された。仕事の引き継ぎは、段ボール二個に詰め込んだ資料と、あとは日本に戻ってから全てメールの頻繁《ひんぱん》なやり取りで続けてきた。直接会う機会は無かった。「CTの歌を作ったの」などと歌詞付きメールを送ってくる菅原さんは何だか楽しそうである。明るく前向きな後継者を得たことはCTにとって真に有難い。さらに二〇一五年十月から三代目のシニアボランティア後継者の赴任が決まった。毎日十五分の単純な計算練習の繰り返しを提唱したCTが普及し、ジャマイカの数学教育に大きな進展が生まれることを祈っている。CTには彼らの価値観に風穴を開ける力を秘めていると思うが、さて肝心のジャマイカ教育省の取り組み方はどうかと思っていた。そうしたら、シーモアが二〇一五年一月十九日、JICAが日本でカリブの数学理科教育担当対象に開いた三週間の短期研修を受けに、コア・カリキュラム・ユニット同僚の理科のオフィサーキングさんといっしょに来日した。日本の最初と最後の滞在先神戸にあるJICA兵庫で再会し、彼の充実した顔を見た。

「帰ったら日本の教育をやりたい」

と言っていたが、本音だろう。シーモアが言うんだから。

数字カードを使ったCTの授業

ガーナ ― ジャマイカ　往復書簡

Bさんからの転載許可を得ています。なお書簡中のサルは『話の通じないかたくなな人』を指しています。日本でこれを読んだ方々から、差別用語だと批判を浴びました。が、ジャマイカ滞在中にこの文章をブログに載せたとき、圧倒的な反響がありました。JICAボランティアたちが共有する痛みを理解する上で欠かせないと判断し、敢《あえ》て掲載することにしました。日本にいる限り見えない世界です。

〈アフリカのガーナに赴任中のJICA同期ボランティアBさんからのメール〉

HAPPY HOLIDAYS!!
ご無沙汰しております。お元気ですか？
健康診断での一時帰国はいかがでしたか。

そしてこの一年はいかがでしたか。

この一年は私にとって長くて長くてたまらなかったです。

もう来年の今頃は日本にいるのかと思うと大変嬉しいですね。

自分から望んで協力隊に応募し、幸運ながらも合格して派遣させてもらっているのに、「早く帰りたい」なんてとんでもなく矛盾したわがままだなあ・・・と自分でも思ってしまうのですが、残念ながらこれが私の本音です。

二年間もこの人達のためにタダ働きか、と思うとやるせないですね。

でもきっと塚崎さんはじめ、他の隊員の方もいろんな面で苦労されてて、同じように日々悶々《もんもん》とされているのじゃないかとお察しします。

だから私もあと九カ月ぼちぼち頑張ろう・・・。

と、こんな感じで最近は私たちをマネジメントするアメリカ人にイライラすることが多いです。一方現地のガーナ人に対して腹を立てたりすることは、実はなんと克服しつつあるんですよ！　いつも殺気を抱いていたのに！

その理由をお話しします。ジャマイカでも役立つかもしれません。

道を歩くと必ず中国人を馬鹿にして「チュンチョン」とか「チンチョンチャン」とか叫んできます。

全てのアジア人に対してです。「中国人じゃないよ」と言っても「チンチョ――ン！！」と言ってきます。どのアフリカの国でもそうみたいで（世界中の他の地域でも起こっていると思いますが）、どの隊員もそんな事を言ってきた現地人と喧嘩沙汰になったりしてるみたいです。

私もF*CK!!!とか言ってはいけないことを思わず言ってしまったりするのですが、でも言い返しても反省させてもどうも怒りが収まらない。その日は一日ムカムカしているわけです。

が、私、先輩隊員に言われて目からウロコが落ちました。

猿だったんです。サル。おさるさん。

「あの『チンチョン』言ってくるのは猿だよ。あれ鳴き声だから。猿だから人間の言葉もわかんないし。気にしなくていいよ」と。

そうか――――だから「中国人じゃない」と言っても通じなかったのは人間の言葉を解

さないからか――――！！！

本物のガーナ人は人間なので、「どこの国から来たの？」と聞いてくれます。ちゃんと言葉も通じます。

見た目がよく似ているので気がつかなかったんですが、あいつら猿だったんですね！ということで、私はモンチッチごときに腹を立てるのを止めました。


塚崎さんの周りでもきっと腹の立つ人はたくさんいるでしょう。

自分がなぜ怒ってるのかを説明して、それでも理解しないという人は・・・それはきっと人間ではないんですよ。

塚崎さん、お優しいから、私が代わりに言ってしまいます。

そうです、それは実はおさるさんなんです。前頭葉が発達していないおさるさんなんです。しょうがないです、誰のせいでもありません。

このおさるたちは、自分達が人間と同じ環境で生活しているから、自分達を人間だと思い込んでいて、そしてついつい私たちもそうだと信じてしまうのですが、実際はそうではないのです。言ってもわからない、それはサルです。人間だったらわかりますから。

いや〜すごい真実を書きました。

こんなことをサラっと書けてしまうなんて、私が今までどれだけ怒り心頭だったかおわかりいただけるのではないかと。

そしてこれを読んで笑い飛ばしてくださったら幸いです。

ガーナから笑いの小話をお届けしました。

長くなりました。どうぞのんびりした休暇をお過ごしください。

Bより

〈Bさんへの返信〉

「チンチョンチャン」とのたまう輩《やから》は『おさるさん』という説に一票。こちらの精神衛生を保つのに役立つ貴方の達観に、にんまり感じ入ってます。あの露骨な人種差別的物言いを受けたときの心の痛みは、実際に経験してみないと分かりませんね。

それにしても偶然なのか必然なのか、私がジャマイカの全国の小学校を回って、先生たちに私たちが始めたプロジェクトの説明をする初めに使っていたのがこの言葉で、こんな風に話を切り出しました。

「チャンチョンチーと少年から呼ばれ、ミスターチンと男に声を掛けられますが、私はミスターチンではありません。日本から来ましたイチ（私のニックネーム）です」

この場合の『チャンチョンチー』は、この言葉に直面した時の私のちょっとした戸惑いとは別に、これから数学教育のかたい話を始めるだろう、初対面の得体の知れない日本人講師に対する警戒心を少しでも解くための道具立てとして使ってみました。おそらくはテレビ番組あたりで仕入れた、中国人をからかう言葉が面白かったから彼らは使うのでしょうが、相手国ではなく自分たちの利益をひたすら求める、ジャマイカ経済を支配する中国人を揶揄《やゆ》するニュアンスを含むこの言葉を使うことで、私も中国人への気持ちを秘かに忍び込ませていたのでしょう。

一見上手くいっているように見える私のジャマイカでの活動ですが、一皮むいた実態は相当な問題ばかりで、目を覆《おお》いたくなります。しかじかの理由で、健康診断の一時帰国から戻ると、ほとんどの学校で教材不足となりプログラムを始められない状況が生まれていました。わたし用の教材さえ、一部も手元に残されていないという状況が今も続いています。この国では初めから想定外という言葉はありません。数え上げると限りない段取り不足ですが、それはあくまで事前の想定が必要だと思う私の見方で、ジャマイカではいまだ共有されない文化です。だから腹を立てるのは年寄りの寿命をさらに縮めるだけと悟ることにしました。実行はなかなか難しいけどね。

ところが最近になって、この理由の尻尾を捕まえられそうな気配を感じるのです。単純なことで、人によって目標・目的が違うことに気づいたからです。考えれば当たり前のことです。しかしそれを公平に語れるまでにはもう少しこちらの友情と準備の時間が必要のようです。理解出来ない他人の行動には、それを裏付ける別の深い事情が隠されているハズで、それが私にはまだ見えてないという感覚です。

先日キングストンのシニア・ボランティアたちと食事に行ったとき、普段がまんしていたのでしょう、日本人を前にして本音が出てきます。国の政府機関で大切な仕事に関わっている連中です。

「そもそもここの連中には、問題を改善していこうという意思がないな」とか「モスクワ大とかオックスフォード大とか一流の大学を出たのに、水が下から上に流れるなんて有り得ないことを前提にした非常識な設計を平気で作ってくる」とか「JICA募集にあった要請文とは全く別の、自分の専門でない部署に配属された」とか、どれも深刻な問題です。それで「ああでもない、こうでもない」と、他人のボヤキ話を肴《さかな》にビールをやりました。話したからといって問題そのものが小さくなったり無くなったりする訳ではないけれど、聞いてもらえただけで心の負担が軽くなることもあると知ってのことです。私の置かれている現実は問題だらけだけど、問題が無ければわざわざ世界の果てジャマイカまでやって来る理由はないわけです。問題があるからやってきたのに、「問題が有る」などと不平を言うことに問題が有り、矛盾があるんです。いやあ貴方につられて？　正直に言ってしまうと、日本であれだけ心を悩ましていた問題が、ここに一年いる間に別の様相を呈しているんです。場所が変わり時間が経つだけで何だか軽くなっている。変わらないのは、何処で生活していようと、私はいつも問題を手いっぱい抱えているということくらいですね。人は問題を解決し消し去ろうとしながら、本当は問題が人生に必要なのでしょう。

往復航空券だけを持ってあとの計画無しに海外に飛び出すという私が繰り返してきた旅のスタイルは、自由を求めながら実は心細く、エネルギーが要る厄介事なんです。今晩どこに泊まるか決まっていないうえ、一寸先に何が待ち受けているか分からない。未知の国・場所を歩き続けることは恐ろしい。それを敢えてしてみるのは、安全な日常を離れて冒険がしたいからです。『冒険』の言葉の響きはいいけれど、そんな旅には絶え間ない難題が付き物で、言葉を換えて言えば、敢えて手間暇かけて非日常の問題を買いに出かけるのです。未知な経験や出会いが旅の真髄なら、ジャマイカは世界旅行の延長で、こんな不思議で想像もできなかった異文化体験は外ではけっして期待出来ないと気づき、ならばせっかくの問題を楽しまないという手はない、という認識に行き着きます。

危急を要する問題に、貴方は敵を『おさるさん』と名づけてかわす高等戦術『ズラシ』の術を使い、正面からぶつかって傷つくのを避ける技を身につけたようです。私は、段取り不足問題の裏に隠されているジャマイカ事情を探ることで、乗り越えられるかと足掻《あが》いています。知的挑戦のチャンスと強がっていたけど、これってやっぱり『タダ働き』ですかね。

貴方の小話に乗って

塚崎

〈Bさんからの返信〉

返信メールありがとうございました。返事をしようと考えて・・・でも塚崎さんからの問いへの答えは、まだ見つかっていません。

いや〜ほんとに、まさにガーナと一緒ですよ。ここの隊員は異口同音に「ここの人は予定が立てられない」と言っています。塚崎さんのおっしゃる「段取り」をしないのです。でもここに一年以上いて、ちょっと思ったことがあるのです。彼らにとって、『計画を立ててその通りに何かをする』もしくは『何かをするために計画を立てて実行する』ということは必ずしも大事なことではないのではないかと。

日本の社会ではそうでもしないと上手く回らないですよね。でもここの社会では、計画がなんらかの理由で頓挫《とんざ》してしまっても、ま〜ええ、で終わりです。その理由が、雨が降ったから、とかそういう日本では言い訳に使えないような理由であってもです。

それよりここの人たちにとって大事なことは、「自分も仲間に入れられているか」ということです。例えば全然その会議に関係ない人でも、誰かその人の知り合いが会議に呼ばれているなら、その人も呼んでもらえなければ、「仲間はずれにされている」、つまり「コミュニティーの一員に含まれていない」、と考えてしまうくらい、グループへの帰属要求が強いように思います。その会議の話が全く理解できなくてもです。その場に仲間として参加していることが、大事なのです。予定が突然延期されようがキャンセルされようが、はたまた会議の議題が検討されたり結論を出すことすら、たいして重要ではない。

だって、ここの人たち、木の下に集まって日がな一日のんびりだべっているだけで、「首脳会議」とか言ってますからね。いったい何時から始まって、何について話したの！って感じですが、彼らにとっては会議と称するその場にいることに意義があるのです。

この社会はこれさえあれば上手く回るんですよ。そのかわり仲間はずれは論外です。日本の社会では、モノの開発にしろプロジェクトにしろ、物事を改善したり進めていくことに価値を見出しますが、ここではみんな平等に平和に過ごすことが大事なんです。きっとガーナの人たちは、十年後もマンゴーの木の下であっちとびこっちとびの『会議』をしているのでしょう。なんだか羨ましいですね。

・・・と、かなり塚崎さんのお話の趣旨からずれてしまいました。ですが、これが、私の考える「なぜガーナ人は予定を立てられないか」です。

B

〈Bさんへの返信〉

貴方の「自分も仲間に入れられているか」は、的を射ていると思います。『段取り』など『帰属要求』と比べたら大事になりません。段取りなどできなくても山に入れば果物がそこらに自生しているジャマイカでは生きていけるけど、人の世に帰属出来なければ生きていけませんから。

日本に村八分、アイヌ、部落、在日、いじめ・・・があるように、世界中のあらゆる社会に仲間はずれや差別が在るんでしょうね。脱線するけど、オカマは魅力があると言った人の理由が『オカマは、便所は何処にしようとかいつも気を使って生活している。常に考えている。そういう仲間はずれにされた人の脳は冴えていて話していて楽しい』、にある種の感動を覚えました。我々も異国の地に適応しようと、アンテナを張り気をめぐらしている、脳細胞全開状態ですから、けっこう人間的魅力が増しているかもしれない。これも発想のズラシのひとつですね。

日本よりガーナやジャマイカの方が、人にとってより根源的な問題が日々切実に意識されているようです。皮肉にも文明の発達が、派生問題―この場合は段取り―に人々をかずらわせて、人間関係という土台を見失わせる落とし穴を生んでいるかもしれません。ガーナの『帰属要求』を大切にしている社会を前にして、（なんだか羨ましい）のつぶやきが洩れたのは、日本文化が誇る『段取り』のせいもあるんでしょうか。段取りは、元々は仕事への使命感の強い日本人の思いやりのハズ。それがいつか労働や時間の効率化に偏り過ぎて、耐え難い大きなストレスを生むようになったのかもしれません。貴方のつぶやきは近代文明の先頭を走る日本社会への警鐘にもなっているように思えます。

ユーチューブのカラオケで毎晩中島みゆきを唸っている　　　　　　　　　　　塚﨑

ジャマイカの小学校

今ジャマイカでの生活で一番楽しいのは、小学校を訪問するときだ。全国二十の学校で始めた我々のプロジェクトCTが上手く展開しているかどうか授業見学をし、その前後に校長先生や世話役の先生方と会って話を聞くのが私の仕事になっている。学校に着けば、そこで出会う先生や売店のおばさん、子どもたちが居る訳で、ちょっとした立ち話をしたりする。仕事とは直接には関係ないことが多いけれど、計画には無かった先の読めない展開があって面白い。

元々この訪問は、教育省の連中とする予定だった。不完全でも教材を配ったシーモアとは、彼の日常の仕事があるらしく全く連絡が取れない。事前に話しあったときには、教師教育担当の役人、数学スペシャリスト、地方教育省の役人の協力が年間を通して得られるという話だった。彼らを巻き込めれば教育現場の小学校だけでなく、教育省内部でのCTの理解が進み、将来に渡っての運用の持続や、この地に適した彼ら自身による改善も期待できる。しかし私のもくろみはシーモアの協力を期待出来ない今頓挫して、やむなく自分単独でトヨタ自家用車を駆って全国行脚に出た。

話はそれるが、この「やむなく」という状況はほとんどのJICAボランティアたちに共通して起こった。ボランティアには必ずカウンターパートと呼ばれる協力者が一人ずつ付く決まりになっている。しかし、カウンターパートにやる気があったり優秀なお陰で満足したという例は聞いたことがなく、大抵は相棒と上手くやることに四苦八苦していた。カウンターパートに放っておかれたり、居なくなったりすると、初めこそやるべきことを見失い茫然《ぼうぜん》とするが、さすがに世界の果てまでやって来た人たちだけあって、問題解決への意欲も行動力もあるのだろう、何処からか自分のやることを見つけてきた。皮肉なことに、この方が結果的に自主性が刺激され、日本人の視点が生かされ、現地に役立てる仕事に仕上がっていく。そういう例がずっと多いという印象だった。しかし頓挫して任期半ばで帰国した人たちもいた。ポートランド地区の教育省に、コンピューター隊員として配属されていたSさんは前者の例で、カウンターパートを失った後自由な立場を利用して、もともとの要請を越えた様々なプロジェクトを立ち上げた。任期を終えて帰国する時には、現地企業からのスカウトを受け就職を決めていた。彼女は『問題発見↓自分独自の解決法の模索↓然《しか》るべき人・組織とのコンタクト↓プロジェクトのコーディネート』という一連を独りで演出実現できるまでに、つまり起業のノウハウをジャマイカで身に付けた。彼女ほどの才覚も行動力も無いが、私にも危機ではあるが絶好のチャンスになり得る「やむなく」が、遅まきながらも訪れていた。

普段の教育省のオフィスでは大きいジャマイカ人ばかりを見上げて暮らしているが、さすがに小学生は細くて小さい。小さいなと思って横に並ぶと、これが意外に私より上背があったりするのだ。とにかく脚が長くてスラッとしている。

日本人の私の姿は黒人ばかりの彼らの中では凄く目立って、きっとこちらに興味を持った子が現れ、近づいてきては挨拶したり質問したりしてくることになる。

「こんにちは」

「何処から来たんですか?」

「チャンチョンチー」

などの声がかかる。私が待ってましたとばかり応えると、途端に回りを他の子どもたちが

取り巻き、男の子は

「ジャッキーチェンを知っているか？」

とくる。私はサービスに、俄《にわ》か仕立ての空手のポーズをとるが、受けない。私はきっと中国人に間違われた。日本人と知ると、恐らくは初めて目にする日本人に興味を示した。

ある日、二、三年生くらいの女の子たちに囲まれた。一人の子が私のグレイがかった真っすぐな髪の毛を触ってきた。真っすぐ伸びた東洋人の髪は、彼らには珍しく憧れと知っているので何も言わずに好きにさせる。一人を許すと、次々と別の手が伸びてきた。反対の手に駄菓子を摘まんだ子の手には参ったが、彼らの興味の持ちようが面白く、少女たちの優しく撫でる指の感触のこそばゆさを私も楽しみ、目いっぱい触らせた。

少女たちの縮れた髪はちいさな沢山の束《たば》に分けて束ねられ、頭皮は刈り入れ後の干し草の束が立っているように見える。そのひとつひとつの小さな毛の束が器用に編まれている。母親の作品なのだろうか、一人ひとり異なる飾りつけがされた手の込んだものだ。小さな束と束の間に露わになっている地肌が、見慣れていない私には新しい。地肌が透けて見えるのではなく、剃った頭皮の上に束をまばらに置いてあるという様子だ。触らせたお返し

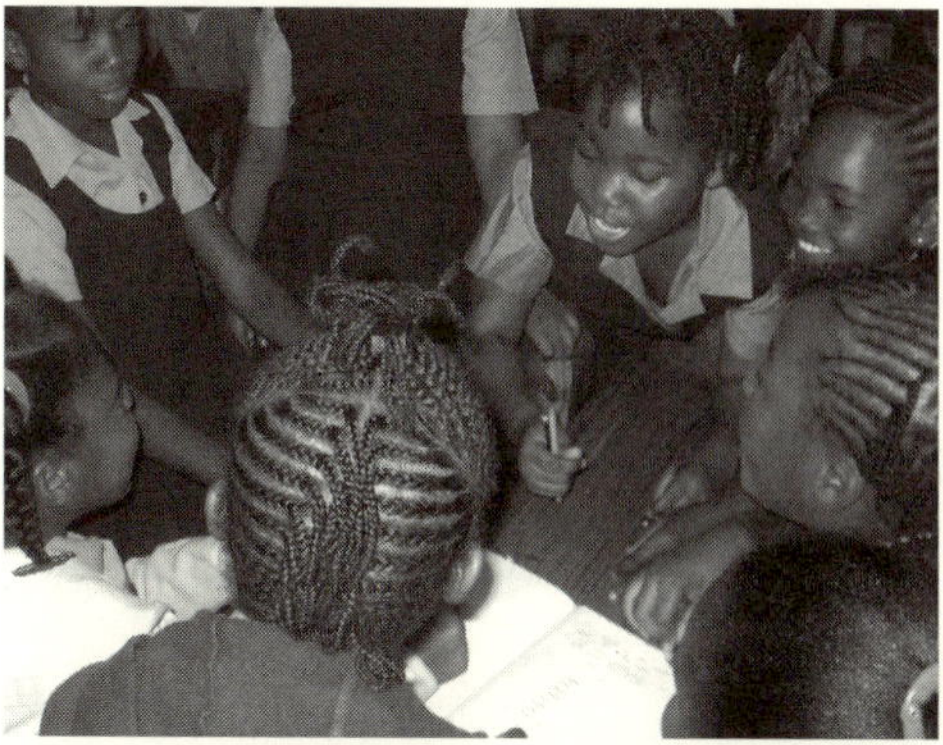

きれいでしょう！
丁寧に編まれた少女の毛髪

に子どもの髪を撫でると、歯ブラシのように硬く尖った毛先のザラザラした感触が指先に残った。柔らかさはなく、力強く指先を刺した。街で見る女性のストレートな髪はすべてかつらだとは、日本人女性から教えられた。日本女性の真っすぐ伸びた黒髪は世界が憧れる美しい真珠の宝物だと思う。

それに比べ少年の頭は、バリカンで剃ったように短く刈りあげてあるだけの全く手のかからないものだ。大人の男は文字通り剃りあげているのが多いが、宗教的戒律に従って全く切らずに編んでいるのもある。大きな髪の束を、後生大事そうに毛糸の袋に入れて後頭部から重そうに垂らしているのを見かけると、手入れをしない蒸した雑木林が連想された。子どもも大人も、体臭がじゃまになることは無かった。欧米の女性が歩く道には強い匂いの空気の管がしばしば残るが、それはなかった。

別の日には、校長室横の待合所の長椅子に座っていると、少年が近づいて来て
「教えて欲しいことがあるんですけど」

と小さな声を掛けてきた。

「いいですよ。何のことかな」

と応じると、彼は自分のノートを広げて何か書き始めた。私に見せた記号のようなものは、初めのうち何だか分からなかったが、よくよく眺めているうちに、漢字のようにも思えた。

「これは日本で使われている漢字のようにも見えるけど。どこにあったものなの？」

と問うと、

「まんが」

だと言う。それは漢字を全く知らない人が摸写した不思議な造形だった。ようやく「魔王」と読んだ。

「マオウと書いてある。キングの意味だけど、ただのキングでなくて、デビルとかサタン。それでいいかな」

と言うと、小さく頷《うなず》いた。それからしばらく、この少年と話をした。最後に
「聞きたいことがあったら、また学校に来ますから」
と言って席を立った。込み入ったこの漢字を脳にそのままプリントしてある写真を、描き写すように書いてみせた彼の記憶と情熱に、私は感動していた。劇画の中に繰り返し描《か》きこまれている字らしいものを、どれほどに読みたいと願っていたんだろう。少年の思いが伝わってきた。

また別の日別の学校で、休み時間に校長先生と話していると、若い女の先生が現れて
「私のクラスで日本のことを勉強しているところなんですけど、お話して頂けないでしょうか？」
と、依頼してきた。
「ええ、いいですよ。いつですか？」
と、気やすく応えると
「今からです」
「何も用意していないんですが」

と言う私に、それでよいと言って、彼女はさっさと先に歩き出した。

六年生の彼女のクラスで、生徒たちの次々繰り出す質問に夢中になって答えているうちに、あっという間に一時間（四十分）が過ぎた。何を聞かれどう答えたか記憶は定かではないが、国歌を教えて下さいというリクエストに、「君が代」を独唱した。いきなりの発声に加え、出だしの音を高く取り過ぎて、途中の高音部が叫ぶようになった。それでも生徒たちは静まりかえって聞いていたことが記憶に残っている。生徒に授業したのは、この時が初めてだった。授業を終えて記念写真を彼らと撮った。その後校庭をぶらぶらしている私を追って、女子生徒が二人走ってきた。手渡された

授業を終えて記念写真

朝礼 または ディボーション

切り離されたノートのページには、簡単な絵とありがとうの言葉があった。こんなことが日本の男子校でもあったなあと古い記憶がよみがえった。

子どもといると、彼らの発するエネルギーに同調して自分が浮き浮きしてくるのが分かる。初めはどう向き合ったものかと気をつかったが、身構える必要のないことが分かれば顔の表情は緩み、子どもと言葉を交わしている幸せな自分がいる。

学校の朝は、全校生が校庭に集まってディボーションと呼ぶ祈りの時間から始まる。聖書の朗読や聖歌の合唱に時間を掛ける。教育省の様々な会合も、必ず祈りと聖歌から始められた。キリスト教の聖書、つまり自分たちは何処から来た者かという出自の記された神話に戻る。自分は何故今こここにいて、どういう使命を持つ者として今日を迎えるのか。これから取り組む学習や会議への動機づけを思い起こし確認する作業がある。

日本の学校にも朝礼はある。しかし神話はない。大人と子供が共有していた神話を、そうと自覚しないうちに日本社会は失ってしまったらしい。何故かというと、第二次大戦での敗戦を機に日本を統治した占領軍が、学校で神話を教えることを禁じたからだと聞いたことがある。その狙いは日本が二度と戦えないように、国民の精神を骨抜きにすることにあった。「神話を奪われた国は必ず滅びる」という歴史から学んだ合理的判断があった。

およそ全ての部族・民族は自分の出自について、偉大な祖先の勇敢な闘いとこれから進むべき道を語る神話を持っている。神話から原始宗教が生まれ、宗教は時代の流れの中で人間と共に進化してきた。というのが私なりの理解だ。人は自らの内奥に人間として共有する、底知れなく深い井戸に繋がろうとする祈りを持ってきた。神話は遥《はる》かな井戸の根源に回帰するときに、アイデンティティーの獲得に欠かせない道具《しかけ》として機能してきた。

人口が日本の五十分の一ながら、オリンピックの陸上短距離で金メダルを量産する国柄、どの小学校にも広い運動場があるだろうと勝手に抱いていた私の予想は完全に裏切られた。実際は斜面だけの狭い校庭しかない小学校がほとんどだ。もともとは教会の宣教師たちが中心になって子どもたちを教育したのがジャマイカの学校の始まりで、今も教会の教区割りがそのまま学校の区割りとして生きている。明治維新に欧米列強の植民地にされる恐怖から、近代国家建設を目標に国の命運を掛けて学校造りに励んだ日本の場合とは、出発点から大きな違いがある。

頭が下がるのは、教室の境が衝立《ついたて》だけで仕切

衝立ひとつでは音が入り交じる

られた一つの建物の中、全てのクラスから発せられる音が入り混じる教室で、生徒に届けとばかり大声を張り上げている先生方の姿だ。衝立の向こう側で合唱されたら、私なら一日で音を上げるに違いない。そんな学校が多い。しかもほとんどの小学校には日本にはある職員室がない。そこで教室の教師の机の上に、生徒から集めたその日の弁当代金が直に置かれ、担任の私物が雑然と置いてある風景が常にあった。無くならないのだろうかといつも心配になった。教室には授業中でもいろいろの人が出入りしていた。昼休み前になると、当番の生徒だろう、申し込まれた弁当を教室に運び込んでいた。

特に解《げ》せないのが、休み時間に子どもたちがビニールの袋に入った原色付きの安い砂糖水を啜《すす》ったり、駄菓子を頬張っている姿だ。食べ物をどう与えるかは親の責任で学校の問題ではない、という趣旨から放ってあるという。生徒が学校に居る間だけ、学校の敷地の金網フェンスの外側に沿って小さな駄菓子屋が並ぶ情景が何処でも見られる。砂糖水や駄菓子の空袋が散らかり、ゴミやハエの凄まじい学校・教室に出くわすと、さすがに管理が行き届いている日本の良さをしみじみと思う。食べ物をはじめとして、当たり前だと気にも留めたことの無かったあれこれが簡単に裏切られ、そうでないあれこれとして目の前に

現れたとき、

(数学うんぬんの前に、何とかしなくちゃいけないことが沢山あるのに)

と思ってしまう。自分のジャマイカでの任期は二年、残されている時間は一年を切った。

楽しい休み時間

ジャマイカの評価法

ジャマイカでの評価方法が日本で馴染んでいたものとは別であることに気づいたのは、二年間の任期がもう終わろうという頃になってからだった。疑いもしなかった私にとっての基本的なことが、ジャマイカでは通用しない。意表を突かれたが、よく考え直してみると、気づくヒントは初めからあったのだ。それを見逃したのは、あまりにも当たり前だから確かめるまでもないという私の勝手な思い込みによる。「あまりにも当たり前」が、実は当たり前でないと気づくと、私はまずジャマイカの後進性を思ったのだけれど自分の特殊性には思い至らないものだ。日本文化の特殊性は、その文化から離れて見なければ分からない。

私が提案した、パイロットの七校、小学三年生千百人を対象に新しいプロジェクトCT(カリキュレーション・タイム、計算時間)が始まった。幸い現場教師の評判を受け、新年度からパイロット校の対象を十倍規模の全国二十の小学校全学年一万千人に広げることが決まった。年間を通しての実施を前に、シーモアと私は教師を対象にした講習会を準備し、開催して全国を回っていた。

プログラムを始める前に、生徒の計算能力を測る小テストを用意した。テストは原案を私が作り、相棒のシーモアと話し合って決めたもので、低学年のテスト時間は三分とし、B5大のテスト用紙の一番上に明記した。ポートランド地区の説明会でシーモアがテストの実施要領を話すと、参加している教師が質問した。

「二年生のテスト時間は三分だけなんですか」

するとシーモアは一瞬、間をおいてから、

「せいぜい五分までですね」

と答える。私は自分の耳を疑った。三分は私の案だったが、後で二人で話し合って了解済みのことだったからだ。わざわざテスト用紙に印刷まででした。

するとと案の定、他の参加者から

「えー、それはどういうことでしょう。ここには三分と書いてありますが」

と声があがった。

「五分まではよいでしょう。それ以上はダメっていうことですよ」

とシーモアは応えた。私はこのやり取りを黙って横で見ていた。口をはさむ状況ではないと判断してのことだ。

これと同じテストを年度の終わりにもう一度実施し、二つの成績を比較してCTの教育効果を測る基礎データにする心積もりで準備したものだ。シーモアは所要時間三分を五分に、私への事前の相談無く勝手に変え、しかも説明会会場で口頭でやった。同様の説明会はすでに他で済ましており、そこではこの点について触れていない。後日他でも説明会はある。時間をどう統一できるだろう。いったい彼は何を考えているのだろう。私は驚きと批難と、焦る気持ちを抑えていた。発言したシーモア当人は恐らくは何も考えていなかっただろうとは、ずっと後になってからでは想像に難くない。三分では短いというシーモアの本音が、ポロっとこぼれ出たというだけのことだ。

私は、ジャマイカでの自分のシニア・ボランティアとしての仕事は、この国の小学生の基本計算力を養うことにあると狙いを定め、時間を掛け準備してきた。自分の任期に限ら

CT 実施前の計算力測定テスト

Grade　　Class　　　　Name　　　　　　　　Point:　　　/20

Time for Grade 2,3,4 : 3 minutes
Time for Grade 5,6　: 4 minutes　　　ANSWER → □

1 97,98,99, □ ,101	2 How many dots ?  = □ number	3 How many dots ?  = □	4 4 + 5= □
5 7 +9 = □	6 8 – 5 = □	7 10 – 4 = □	8 13 + 8 = □
9 16 +9 = □	10 19 – 6 = □	11 13 – 7 = □	12 4 x 3 = □
13 8 x 6 = □	14 40 ÷ 5 = □	15 54 ÷ 9 = □	16 15 ÷ 7 = □ Remainder □
17 76 ÷ 8 = □ Remainder □	18 $\frac{2}{3}+\frac{2}{9}$ = answer □	19 $3\frac{1}{7}-\frac{6}{7}$ = answer □	20 $3\frac{1}{4}-1\frac{5}{6}$ = answer □

ず、私の帰国後もCTを続けられるかどうかは、その教育効果を測る評価ひとつに掛かっているという強い思いがあった。だから公正なデータを得ることは、信頼できる評価を得るには欠かせないと、細心の注意を払いシーモアと検討してきた。シーモアも同じ考えだということを疑う余地は無かった。

ポートランド地区での説明会からの帰路車中、さっそく私は今日の疑問をぶつけてみた。

「シーモア、何故テストの時間を変えたのか」

と、問い質《ただ》した。

「いや、何も変えていないね」

とシーモアは素っ気ない返事をよこす。

「エッ、え―三分と書いてあるのに五分まではよいと言っただろう。それとも私の聞き間違いだろうか」

と重ねて問うと、

「そうだ」

だけで、これには二の句が継げなかった。私が習ったのとは違う文法の英語がここでは使われているのだろうか、とまじめに疑ってみた。そうでもしないと、相棒を嘘ツキと考えることになる。

一度口から出てしまったものは、今更しょうがない。またまた、じゃあまあいいか、である。しかしそれ以来、終了時のテストの時間をどうしたものか、が頭から離れなかった。現実の問題は私の気掛かりをずっと超えていたところに在ったのだが、そのことに気づくのは、まだずっと後になってからになる。

長く日本の私立中高進学校で数学教師を生業としてきた私にとって、「評価」は常に付いて回る心を乱すダニのような存在だった。評価の対象は主に生徒と教師になる。私は評価するものであり、同時に評価されるものでもあった。評価は全て数値化され、数値はあたかも絶対の価値が付与されたものとして君臨し出す。何より疑問なことに思われたのは、数値が何を表し何を表さないかについては、語られず分析されず無知のまま放置されてきたことだ。評価を読み解き「評価を評価する」という作業の欠落した現実と、この作業の重要性に私は気をもんでいた。何のための評価かが理解されず、合理性が欠ければ、評価は平気でうそをつく。

　パイロット校でのCT施行前後にテストをして効果を調べたり、CTの実施が、ジャマイカの子どもとその親の一番の関心事である全国共通テストの結果と、どのような相関関係にあるか数値化する工夫は、CTを評価する上で、CTの今後の取り扱いを決めるにあたってどうしても欠かせない。当たり前のことだと考え、シーモアに話していた。ところが一年間のCT実施が終わるにあたって、約束通り年度初めのテストと数値だけ少し変えたほぼ同じテストを作っていくと、年度途中からCTに参加した年輩のオフィサーから、

「これは習っていない計算が入っているからダメだ」

という横やりが入った。CT実施前に、初めと終わりは同じテストにするとシーモアと決めてあったことだった。が驚いたことに、先輩の一言で役人のシーモアは学年別の、私の用意したのとは別のテストを突然作り、実施した。CTの評価作業には、離任の近いCT作成当事者の私が入らないのが筋だろうという思いが働き、彼らがどうするのか静観を決めた。すると作りなおされたテストはその後実施されたが集計されず、従って結果も分からないまま放置された。初めのテストの成績も使われることなく捨てられた。私が三分、

五分とずっと頭を悩ましていた問題はここに至り吹っ飛んでいた。全国共通テストのデータも採集不可能と分かり、CTの評価を客観的な数値データを用いて数値化することは、一切出来無くなった。こうして、もっと根本の初期的なところにジャマイカの評価法の問題が隠されていることに気づくことになった。教師たちが英語で書いたCT実施後のコメントだけが残り、評価として採用された。

こうなってみると、ジャマイカ教育省に配属になって早々数学担当の責任者から渡されて読んだ、高校三年生が全員受ける全国共通テストの数学採点結果報告書のことが強く思い出された。それは大分の量の印刷された冊子だった。例えば、計算問題の$(5.8^2 + 1.02) \times 2.5$については、誤答例が四個上げてある。一部引用する。

(ⅰ) $= 5.8 \times 5.8 + 1.02 \times 2.5 = 36.19$

(ⅱ) $= (5.8 \times 2 + 1.02) \times 2.5 = (11.6 + 1.02) \times 2.5 = 31.55$

(ⅲ) $= (5 + 0.8 \times 0.8 + 1.02) \times 2.5 = \cdots$

(ⅳ) $= (5 \times 5 + 0.8 \times 0.8 + 1.02) \times 2.5 = \cdots$

誤りはカッコの意味（定義）を理解していないか、5.8^2 の意味（定義）を理解していないことからくる、私には不要と思える事例である。拙《まず》いことに一番肝心な正しい計算過程の式が無い。各問ごとの正答率がない。私にはこの報告書がそもそも誰に向かって何のために書かれたのか皆目理解できなかった。

そのことは『教育省のために』という私の連続レポートのひとつに着任早々書き、ドクター・キャンベルに提出した。「評価法の評価」であったのだが、私の疑問はおそらく伝わっていなかったに違いない。あのレポートは役に立たなかったと、後になれば分かる。もしあの時、奇異を覚えたジャマイカ数学共通テスト報告書にあった評価法についての疑問をもう少し追及し、シーモアと共有していたら、後日のCTの評価法はもっと丁寧な基本からの確認作業になっていたかも知れない。教育省に着任したばかりのあの頃は、上から目線にならないよう、ここでのやり方を尊重しようと過度に遠慮し過ぎ、それが後々大きなズレを生んだ。

そう思う一方で、あのくらいでちょうど良かったのかも知れないと、帰国して一年も経つ今頃になって思い直す。なぜなら、評価法で大きな食い違いはあったが、現場教師たちのＣＴ実施後の文章によるコメントに高い評価が多かったのを受け、ＪＩＣＡが経済的支援の継続を決め、結果としてＣＴの存続が決まった。それどころではない。私は私が離任する十月の前月の九月からの新年度に、百校五万人を超える小学生へのＣＴ実施決定を知り、そのおぜん立てをしてから帰国した。私の立ち上げたプロジェクトは運よく多くの支援を得、無事二代目のシニア・ボランティア菅原さんに引き継がれた。今は彼女の後任に当たる三代目シニア・ボランティアが選ばれ二〇一五年十月から派遣される準備がなされている。

　ジャマイカを去る時になって漸く自分の誤解に気づくとは皮肉だが、芋づる式に誤解が判明した。私はシーモアやジャマイカ社会を知らずに、過度の期待をしていたようだ。そのことに気づくのに長い時間が必要だった。理解不足で誤解したのはシーモアやジャマイカのことに限っていない。足りないところは二代目三代目の後継者が補い、さらに良いものにしていかれるのを待てばいい。

「じゃあまあいーか」

と独り言《ご》つ。気分は悪くない。

依頼を受け 教育省事務次官に CT を説明
(左端は JICA 佐竹氏)

Effect of Collaboration

Teachers comments:

*I think this Programme will give students the added incentive to do well in mathematics as they become more confident.

*I think the Programme was a great gesture because it seeks to develop mathematical skills and interest in the students. The students really had fun completing the given activities. I am looking forward to its continuation next school year.

*The Programme has being enlightening to students and teacher. It encourages students to have proper time management and allows them to develop speed.

*I believe it is a very good Programme and with adequate training for all teachers and adequate materials it will go a long way in improving the student's math skills. I think it should be implemented in all schools especially at the primary level.

*The Programme was somewhat fun as students were excited to complete the task in a quick time frame and race against their peers. It promotes critical thinking and reasoning ability.

CT 実施後の現場教師コメント

ガラパゴス旅行　― 時を越えて ―

ダーウィンの『進化論』と『0の発見』

「そうですか、科学教育を専門とされるオフィサー（役人）でいらっしゃるのですね。せっかくの機会ですので、お尋ねしたいことがあるのです。よろしいでしょうか。『進化論』について、どう考えておられますか」

学校のカリキュラムを見直す教育省の会合で出会った、四十代と思しき女性と自己紹介をし合った。その直後に、私は一番聞きたかったことをいきなり口にしていた。

「あのダーウィンが唱えた『進化論』のことですが」

と言ってから返事を待つ。じきに

「『進化論』は間違っていますね。人は猿から進化したのではありません」

と、返って来た。

「しかし、これまで発掘された骨が、人と猿が遠い昔に同じ先祖を持っていたことを示しているのではないですか」

会話を続けようと言葉を継ぐ私に、彼女は直ぐに
「人と猿は初めから別のものだったのですよ。人は人の原始の姿から今のものに変わっていった、ということはありますけれど」

「ダーウィン以降さらに研究が進んで、地球上に細胞が誕生してからの生命の進化全体の様子が生命の樹として説明され、深化を見ています。『進化論』は科学的な根拠を持つ定説として受け入れられていると理解していますが」

「そういう話は根拠がありません。仮説ですね」

と、結論がハッキリしていた。

　私には彼女を試す意図はなく、ただジャマイカ理科教育の『進化論』へのスタンスに興味があった。期待外れの反応だった。そして、あらかじめ『進化論』への対処法で理論武装したかに見える彼女に、一筋縄ではいかない壁の存在を覚えた。というのは、五年ほど前ベトナムを旅行中に出会った北欧の青年から、『進化論』に対する同様の反応を耳にしたことがあったからだ。私は大いにショックを受け、世界は広いなあと思った。

私にとってダーウィンの『進化論』は、人類が成し遂げた数ある科学成果の中でも、最も特筆すべき価値の高いものだ。世界を解くカギのキー・ストーン、その隅の親石が共有されていないという発見は、その後より鮮明に確認されていく。「アメリカ人の三分の一、いや半分が未だに『進化論』を認めていない」などという調査結果を耳にしても、もはや驚かない。しかし現役の科学教育の専門家の、カリキュラムを書き直す人の言葉となれば、彼女の声はズシリと重く私の中に沈殿した。『進化論』が世に出たのは百五十余年も前になる。私は世界を大いに読み違えていたらしい。

科学知識の共有で思い出したことがある。私が数学教師になりたての頃、どの世界史年表にも載っている、数学史の記念碑となっているある記述が分からないままで、居心地が悪かった思い出がある。紀元五世紀にインドでなされたという『0の発見』のことだ。0の意味が分からなかった。あとで知ることになるこの0とは、人工衛星打ち上げ前にカウントダウンする5、4、3、2、1、0の0のことではない。位取りに使う0のことだ。例えば、現代人の我々は、3021とか3201と数を表記する。この数字の中で使われる0のことを指す。

分かりやすく説明しよう。右で挙げた二つの数を日本語で表記すると、三千二十一、三千二百一となる。これで十分意味は通じる。しかしいざ漢数字で計算しようとするとどうだろう。アラビア数字（インド数字）のように上手くいかないのが分かるだろう。我々が慣れ親しんでいるアラビア数字3021なら百の位《くらい》が0だと直ぐ分かる。ところが三千二十一ではどこが空位なのか表現されていないので位取りが難しい。（三千二十一）×（三千二百一）をこのまま計算するのは極めて煩雑で、我々が学校で習うように縦書きに3021×3201と書き直してから計算するだろう。これなら筆算出来る。

では「0の発見」以前はどうやって計算したかというと、そろばん（算盤）に頼っていた。そろばん上では空位の位の玉は動いていない。一目瞭然《りょうぜん》だ。しかし、この何にもない位を0と書いて表現する、ただそれだけのことが、世界史上特記される発見であった。

せっかくの発見だが、これが実際に世界で使われるようになるのが十五世紀。なんとインドでの『0の発見』から千年も掛かっている。人類は『0の発見』の恩恵で、算盤の代わりの筆算を手に入れた。当時最も文明の栄えていたヨーロッパで普及していた算盤が十五世紀になり突然消えたのは、この筆算が使われるようになったからである。ちなみに世界一の機能を持つ算盤である日本のそろばんは現在まで生き残った。

進化論が世に出たのは「百五十年も」前、と書いたが「まだ百五十年」なのかもしれない。この間に進化論自体も発展・進化をみた。生命の誕生以前の宇宙の進化論が喧《かまびす》しい。

ガラパゴス旅行への誘い

ＪＩＣＡのボランティアには二年の任期中に、任国外への旅行が認められている。キングストン駐在のシニア・ボランティア川原さんから「ガラパゴスに行きたい」という独り言で、彼一流の誘い方をされた。ガラパゴス諸島は、ジャマイカと同経度にある南米エクアドル本土から千キロ離れた太平洋上にある。東から西に向かって数百万年の時間を掛け、次々と火山が噴火してばら撒《ま》いたように、縦横三八〇キロメートル×三〇〇キロメートルの広大な太平洋上にできた群島だ。エクアドルはスペイン語で、英語のイクエイター、日本語の赤道の意味で、赤道上にある。しかしガラパゴスには、南から寒流のペルー海流、西から深層流、東から暖流の南赤道海流、北から暖流のパナマ海流が流れ込んで、特有の気候を形づくっている。海流に乗って様々な生き物が流れ着き、島ごとに異なる環境に適応して別々の進化を遂げた。ダーウィンがイーグル号での世界一周の航海の途上に訪れ、多種多様な生き物たちの不思議な光景を目の前にして、『進化論』のインスピレーションを受けたことで知られている。

川原さんは、この島々でしか見られない珍しい動物や景色を見たいと言う。私はジャマイカに立つ直前に、英語の学習用ダイジェスト版で、ダーウィンの伝記を読んだ。しかし彼に誘われてみるまで、自分がガラパゴスを訪ねるという発想は全く無く、虚を衝《つ》かれた思いがした。川原さんは災害対策の技術指導で、ジャマイカの山河深く足繁く歩き回っていた。私と同年齢の好々爺《こうこうや》だ。しかし一緒にいても私とは見ているところが天と地ほどに違う。当然感じ方や発想も異なるので、旅の友とすれば面白いかもしれない。

「ジャマイカは鳥が少ないでしょう。何故だか解る塚崎さん」

「そういえば、そうですね」

と受ける。

「鳥の餌になる虫が少ないからですよ」

と、川原さん。

「確かに、山を歩いていても、蛇や蛙、日本ならよく出会うクモの巣やトカゲや昆虫の姿をほとんど見ないですね」

と、感心すると、嬉しそうに、

「そうでしょう。これって問題なんですよ」

と言う彼の観察眼に、一目置いていた。日本は鳥の餌になる虫が多いという。

「いつかそのうち行きたいですね」

と、受けた。そうしたら、数日の内に、他の隊員たちから、

「塚﨑さん、川原さんと二人でガラパゴスに行くそうですね」

と、声をかけられた。狭いジャマイカのＪＩＣＡボランティアの中で、我々のガラパゴス行きは、いつの間にか既定の計画として広まっていた。

　表向きには受け身であった旅の話も、みなから羨ましがられている内に、私の胸の内でもガラパゴスへの期待は高まっていった。しかしそれは有名な観光地を見たいという興味からではなかった。ジャマイカへ旅発つ私には数学教育とは別の秘かな動機があった。そ

れは口に出すのははばかれる「時間とは何か」という雲をつかむような、しかし根源的な問に、自分なりの答を出すという野心だ。ジャマイカからガラパゴスへもう一歩足を延ばすことで、うまくいけば新しい視野を得、時間の尻尾を捕まえることが出来るかもしれない、という期待だった。

宇宙における人間の位置　ダーウィンの『進化論』は宇宙の自意識の始まり

一八五九年のダーウィンの『種の起源』から二〇一四年の今年で百五十五年が経つ。百五十五年も、と言いたいところだが、0の発見の千年を考えれば、百五十五年しか、であろうか。二十二歳の青年ダーウィンが、イギリス海軍の測量船ビーグル号に乗り四年をかけて地球を一周した。こんな破天荒《はてんこう》な行動は現代の忙《せわ》しない社会に住む私には想像し難い。特別な家庭環境が才能の開花と特別な使命を彼に用意した。航海途上三十五日間滞在したガラパゴス諸島で彼は不思議な光景を目にした。記録を採り、資料を持ち帰る。環境に適応するために海洋上にばら撒かれた島ごとに姿を変えたと思われる同種の動物たちの姿から、進化の着想を得たという。しかし帰国してから『進化論』を世に問う『種の起源』の発表までに彼は実に二十四年の歳月をかけた。父親の意を汲《く》んだとはいえ、キリスト教会の牧師の資格を得たばかりである。ダーウィンは、旧約聖書の『創世記』にある天地創造の記述を文字通りに受け取っていたと想像するに難くない。少なくとも聖書に基づく当時のヨーロッパの社会通念を自分のものとして生きていた。神が闇の世から七日間で宇宙万物を作り、動物や人間を全て土をこねて造りだした物語だ。神が初めに全てを創られたのだから、聖書には『進化論』の発想はない。動物は子孫へと代を重ねるごとに環境に適応して姿を変えていくという自分の発見は、聖書の記述とは相容れない。教会の権威が絶対の社会で、キリストの教えの中核を担う聖書が誤っていると指摘することに伴う危険はどれほどか、計り知れない。慎重に検証を重ねていった。

古来、世界の誕生物語は、部族の英雄伝として、民族の誉《ほま》れ高い出自の神話として、宗教の聖典として、様々に語られてきた。ダーウィン以来科学の時代を迎え、現代の物理科学が合意している創世記は、約百四十億年前にまでさかのぼる。ビッグバンの大爆発を機に、宇宙に時と空間が生まれたという説である。気の遠くなる時を掛け、膨張し続ける空間の中に次々と生み出されていった被造物には、自らが宇宙進化の結果であるという自覚は無い。『進化論』は、進化の過程でその被造物自らが初めて、自らが進化しているという自覚に至ったという点で画期的なのだ。『進化論』の誕生によって、生命だけでなく、生命を含む宇宙全体が進化の自意識にまで至ったと捉《とら》え直すのがよい。

『進化論』によって、聖書の記述の誤りが明らかになったというよりも、聖書の神話性が人の目に見えて来た。文字通りでは無かったからといって、聖書が、人類誕生以来永々と育んできた文化・英知を通して生まれた、人間洞察のひとつの優れた結晶であるという事実に変わりはない。科学の芽生えさえ見え難い二千年前の時代である。卓越した人類出自の物語をあのように語れたのは、それまでの神話や原始宗教の豊かに育ち実る時代背景があったからこそなのだ。宗教も進化の中の現象として捉えるのが真っ当だろう。

ビッグバンで誕生した宇宙には、まず物質を形造る素材たちが現れた。素材相互の反応や結合による単純な組成の物質たち、その進化から生命の基本単位の細胞が生み出されたという仮説が有力だ。地球という特殊な環境の中で、奇跡的に現れた物質から生命、生命から精神という次元を越えた次の進化が見られた。しかし進化による被造物には、自らが進化するという自覚は無い。『進化論』は、進化によって生み出された被造物が、人間に至って初めて、自らに進化する者としての自意識が生まれたという印なのだ。宇宙史にとって記憶される重大事件だろう。発表当初、もっぱら聖書との違いだけが注目され、異端として批判の対象になった。科学的には、この宇宙は神が七日間で造ったものではない。しかし、聖書にはあの時代しか生み出せない、歴史の積み重ねが可能にした、人間の英知や重要な洞察や示唆《しさ》がある。

時間の視野を広げれば、京大学長へ就任したゴリラ学者の山際寿一氏の仕事に目が行く。フィールドワークのため、アフリカに住み着いてゴリラの生態を観察していた助手の時代に注目していた。人類の祖先は、何故どういうしかけで、ゴリラやチンパンジーの類人猿と分かれたのか。社会性を持ったから、というのが彼の説の格子《こうし》だと理解している。ここでの社会性とは、約束の出来る個体関係が成り立つグループの性質のこと。具体的には、人は誰でも必ず父を持つことにした。母親が誰かは解るが、父親との血のつながりは不明だ。たとえ血は繋がっていなくても、約束として社会的な父親を決めている社会を持つことにしたグループが現れた。この約束は個人間だけでなく、周りの人々にも共有される情報でなければ約束の意味がない。みなに覚えられて、初めて約束となる。従って社会性には情報共有のための記憶能力が前提となった。社会性が脳を発達させ、やがて言葉を生み出すまでに至ったのだろう。多種な人類たちのなかで、言葉を発達させることに成功した我々の直接の祖先新人だけが生き残った。聖書の言葉『はじめに御言葉があった』というメタファーと思われたものは、言葉と共に人間が現れた、（人間の）世界が生まれた、という現実に他ならないと私は思う。聖書を生んだ時代の人の科学的思考は限られていたが、洞察力は深い。視野の限界を、予言に代わって科学が広げつつある。

いざガラパゴス旅行へ

エクアドルの首都キトを発ち太平洋上に向けて真西に二時間、ジェット機はいま高度を下げ着陸態勢に入っている。下界には人の気配の無い荒涼とした大地が広がっている。

昨日の午後ジャマイカのキングストンを立ちパナマで乗り継ぎ、キトに着いたのが夜の十一時だった。我々を出迎えてくれるはずの人を探して、真っ暗な空港ターミナルの外に

出る。赤道直下だが川原さんの腕時計に内装された高度計は二千五百メートルを指している。冷気に震え途方に暮れる彼に、

「そのうち現れますよ」

と、勇気づけようと声を掛けた。いざとなれば同じ空港から明朝ガラパゴス行きの便が出るのだから、凍えないようにさえしていればここで夜を過ごしてもいい。という思いが頭をよぎる。屋根に五台の自転車を立てたツーリスト用バンが現れた時にはすでに日が変わり十二時を過ぎていた。オランダ人の経営する宿で仮眠を取れば、周りは思いの外広々した住宅地で、例え隣家で殺人事件が起きても聞こえないだろうと思った。

早朝空港での長い列をようやく並び終え、機上の人となると隣りは若い白人女性である。疲れ気味の自分を励まし話しかける。彼女はカナダで水泳の長距離のコーチを三か所で掛け持ち、今回の旅費を貯めたとルンルンだ。クルーズ船で五泊六日をシュノーケリングとダイビングで、イルカと遊びながら過ごすと言う。我々も同じ五泊六日の日程だが、経費をケチってB&B（ビーアンドビー）の安ホテルに泊まりながら、島の観光ツアーに参加することになっている。ケチったことは沽券《こけん》にかかわると思ったのか、口にしなかった。

そうしたらそれからは眠気も手伝い急に言葉が出にくくなっていた。

ようやくガラパゴスに着いた。まるで二回目の旅のような気分がするのは、事前準備に異常に時間を掛けたせいだろう。川原さんが日本語を話す旅行業者のジャミラさんを見つけてきたのは三カ月以上前になる。彼女のオフィスを訪ねると、ジェット（外国語青年招致事業、英語のＪＥＴプログラムの略称）の英語教師として、四年間日本の学校で教えた経験があると知った。ちなみにジェットは英語を母語とする大卒の若者を日本に招く公的事業で、毎年四十カ国、五千を超える若者が日本の学校で英語教師の指導助手として働いている。その後日本語を使う機会が無かったという彼女の流暢《りゅうちょう》な日本語に舌を巻いた。旅行社の入口の戸の上の壁に、接客係十数名の顔写真が一人ずつ小さな額に収められているが、ジャミラさんの写真は先頭にあって、特別に大きい。写真の下に我が社のトップ・セールスマンとの記述がある。

実際彼女の仕事ぶりには何度も驚かされた。とにかく速い。旅行日程、行程の希望を聞くその場で様々なオプションをインターネット上に出して、飛行便、経費、サービスなどを含めて調べ、会ったその日の内に予約状況や代案をメールで連絡してきた。こんなジャマイカ人は見たことがない。日本滞在中に、日本人以上に現代日本文明の特性を身につけて戻ってきて、社長の右腕になったのだろう。パワフルなジャマイカエンジンに、世界一の日本仕込のソフトが乗ったら誰も敵わない。観光がジャマイカ一の花形産業であれば、優秀な人材が集まって当然だ。彼女以外にもジェット・プログラムで日本に行ったというジャマイカ人三人に出会った。政府の観光局で妻が訪ねた時に世話になった女性。それからＪＩＣＡの事務所で働いているジェイは、確かで繊細《せんさい》な気配りと実行力、頭の回転が利く上に、とびきりの男前だった。日本人女性ボランティアの憧れの的であったが、後日カナダの企業に転職し、私をがっかりさせた。ジェット経験者はみな優秀な上に、大変な日本びいきだった。彼らを育て登用する国家戦略が当然もっとあって然るべきなのだ。残念ながら帰国すると同時に大抵は日本との関係が切れてしまう。通い詰めたジャミラさんから最後に渡されたのはＡ５十四ページに及ぶ旅程表。旅のはじめから終りまで、誰がどういう格好で迎えに来るかまで、細かく書き込んであった。これまで往復のエアー・チケットだけ手に持って海外旅行をしてきた私には初めての経験だった。この冊子はどのくらい訪問先で有効なのだろう。

でかいゾ！ガラパゴスゾウガメ
1.5m　250kg

ガラパゴス諸島の窓口、バルトラ空港のあるバルトラ島から、フェリーで南側に隣接するサンタ・クルス島の北東端に渡る。縦横三十キロメートル余りのこの島には、島の中央を切り裂く南北を結ぶただ一本の道が走っているだけだ。道の南端がガラパゴス諸島の観光の中心地プエルト・アヨロで、我々の逗留《とうりゅう》先のＢ＆Ｂがある。島のほぼ中央で一時下車し、巨大な野生ゾウガメを十頭余り観た。亀は海に住んでいるものとばかり思っていた我が非常識を恥じた。巨大なカメが草を食んでいたり、焦点の定まらない曇った目をさらし、化石のようにじっと佇《たたず》んでいる姿に圧倒された。大きく重そうな甲羅を背負い、彼らは百五十年から二百年の寿命を生きるという。以前は諸島の至るところに生息していたが、人が入植してきたこの百五十年の間に食用として乱獲され、現在は絶滅危惧種になっている。

亀で私が思い出したのはミヒャエル・エンデの『モモ』の物語だ。亀はモモを、時を司《つかさど》る神のもとに連れて行く。それから、浦島太郎を竜宮城に乗せていったのも亀だった。東西の寓話の中で、亀は時を越え人を異界に導く、平和の使者であった。三千年余りの昔、亀の甲羅に彫られた甲骨文字は、貞卜《ていぼく》と呼ばれ、王が占いに用いた精神世界を表した。瞬間に消え去る話し言葉に普遍性を与えるこの原初文字は、やがて漢字の原型になる。時を越えるしかけに用いられたのが亀の甲だったという史実が、これら寓話の前からあった。ジャマイカで悩んだ時間とは別のスケールの時間の世界に足を踏み入れる準備が、亀の登場で整った。

ガラパゴス諸島はユネスコの自然遺産の第一号だという。保護が悪いせいで後に遺産登録が取り消された。厳しい保護政策がようやく効を奏し、危機遺産リストから外されたのが二〇一〇年という経緯がある。今では、例えばこの島へはガイド無しには入れないし、自由な観光も許されない。動物たちの二メートル以内に近づくことを禁じるなど、厳しい

鳥の楽園ノース・セイモア島のアオアシカツオドリ

制約がある。

ガラパゴスに着いた翌日の二〇一三年七月二十二日、十六人のツアーでバルトラ空港の北側にある小島、ノース・セイモアを訪ねた。この島に広がっていた光景は、生涯忘れ難いものになるに違いない。接岸壁を持たない岩岸に大きなエンジンを備えたボートが引いてきたゴムボートで上陸した。岸壁のあちこちに、鳥たちの営巣しているのが見える。地面の上に直《じか》に作った、巣とは呼び難い程の簡素な巣で、ゆったりと休んでいる。アオアシカツオドリは、足ヒレから脚全体と長い嘴《くちばし》が薄い青で、胴体は白い羽毛で覆われ、背中の翼が黒みを帯びた茶色の色彩のコントラストが映えている。立って歩くひょうきんな姿は、土産物の図柄によく使われている通りだ。低空を翼を広げて滑走するのは、赤くて派手な喉《のど》袋を膨らませているグンカンドリ。翼長《よくちょう》二メートルの雄飛《ゆうひ》に恐竜の影を見て、思わず頭を引っ込め言葉が出なかった。異種の鳥たちが、すぐそばの地べたに巣を作り、雛《ひな》が辺りをよちよち歩きまわっているのを親鳥たちはまるで無警戒に任せている。ここは天敵がいない、鳥の楽園だと理解するのに時間は掛からなかった。

ツアー客は決められたルートの上を歩き、写真を撮る。海岸沿いの岩場にはいたるところにウミイグアナが互いに寄り添い、体を重ね合わせスキンシップで友情を確かめでもするように寝そべり、体を陽にさらしていた。砂地にはアシカたち

ノース・セイモア島のウミイグアナ

が群れをなしている。ハーレムの中心にいるオスに海から上がって来た若いメスが真っすぐ近づき、まるで機嫌を取るような時間を掛けた挨拶のような仕草と、その後の声の掛け合いをしてから、群れの中に加わった。我々の遠い祖先が、まだ海の中を泳ぎ回っていた彼ら、オットセイや鳥やイグアナたちと種を同じくしていた遠い昔からの、変わらぬ内面の傾きを見たように感じた。平和で牧歌的風景の中に、情緒の曙《あけぼの》と呼ぶのに相応しい何かが在ることを私は嗅ぎ取っていた。陸上のサボテンの木陰では、ウミイグアナたちが全員の食糧が足りているだろうかと疑う程の数、静かにウジャウジャと這いつくばい、火山灰の岩を埋め尽くしていた。私には本の写真を見ながらようやくオットセイと区別のつくアシカが、砂浜で究極のリラックスのゴロ寝姿で惰眠をむさぼっている。自分の前に展開するこの光景をまるで夢見心地で眺めつつ、私は雲上人のようにフワフワと歩いた。不思議な情景は太古の記憶を呼び覚ます。記憶が呼び覚まされたのは、言葉や神話や宗教や科学知識が在ってようやく可能になった、現代に生きる人に初めて許された感受性の果報だと私には思えた。そんな豊かな感性が備わっていると言うのは、奢《おご》りだろうか。

ガラパゴス、赤道博物館、パナマ運河

ジャミラさんの作成した旅程表は良く機能した。ツアーにオプションで付いているシュノーケリングを、彼女に勧められたまま三日間やった。ノース・セイモア島の海岸の砂浜に、軍用水陸両用車が上陸するために作られた、土台の杭《くい》の錆《さ》びて壊れた頭が並んでいた。現在の飛行場は、第二次大戦時米軍によって建造されたと聞き出した。英語のガイドを申し込んでいたが、我々二人の日本人以外にはスペイン語が通じるので、ガイドはスペイン語ばかりを使う。英語の説明を省略しようとしていた。私は英語しか解らないと、何度もガイドに声を掛けた。米軍の戦艦、航空母艦等全ての造船は大西洋側でなされていたので、狭いパナマ運河を通れる巾のサイズと決められていた。もしスエズ運河が封鎖されたら、アメリカが対日戦争を続けることは極めて難しかった。日本軍の攻撃を迎え撃つ為に、パナマのすぐ南に位置するエクアドル太平洋側千キロの沖合にあるガラパゴスに軍事基地を作った。ならば何故、日本軍はパナマ運河という要衝《ようしょう》を全力でたたかなかったのか。

この海岸続きの美しい浜からシュノーケルを着け、ウエットスーツを穿《は》いて入ったが、

余りの水の冷たさに体が痺《しび》れた。その上旨く息継ぎが出来ないのを、そんなハズはないという自己過信から無理を通した。頭が猛烈に痛んだ。次の日のバルトロメ島では、小雨に見舞われしかも波が出ていたが、旅行社の都合に沿って内海の濁った中でシュノーケルを強行した。泳ぎに慣れた私だが、雨空の視界のほとんど無い濁った海中で、もしかしたら溺《おぼ》れるかもしれないと怖くなった。私の真下を私が乗れそうな大きな海ガメが泳いでいた。反射的に後を追ったが直ぐに姿を見失った。この夜、鼻の穴から黄色に結晶した、乾いた大きな鼻糞《はなくそ》が取れた。まるで硫黄温泉の噴出口に堆積したイオウの美しい黄色をしていた。その後のイサベラ島でもヤケノヤンパチで水に入った。

シュノーケリングはしないという川原さんは、その間浜辺で写真を撮っていた。そのイサベラ島には、サンタクルス島南端の宿近くの波止場から高速艇が出ていた。我々を乗せ西を向いて航行するボートは、外洋の荒い波に激しく船首を上下に振り、船底を海面に打った。ひどい船酔いに苦しんだ私は、島で一泊した後、同じ船で戻る予定を急遽《きゅうきょ》変更し小型のプロペラ機で戻ることにした。予定通りの川原さんは、往きにも数段増したという復路での激しい揺れが祟《たた》ったのか、その直後乗った渡しのボート上で、写真を撮ろうとして立ち上がった拍子にバランスを崩して海に落ち、後生大事にしていた三台の写真機を全て台無しにしてしまった。

ガラパゴス三日目に訪ねたバルトロメ島には、火山溶岩の作る不思議な光景が広がっていた。アメリカの人工衛星アポロの月面への着陸は実は作り話だという噂が流れた時、月面に見立てた写真はこの島で撮られた、という噂話が流れたという。この島の景色は世界一美しいという話もある。

「色々あったが、お互い命があることで良しとしようね」とカメラと写真を失った川原さんを慰め、我々はガラパゴスを後にした。ガラパゴスに停泊していたボートのエンジンにはひとつ残らずヤマハのロゴが入っていた。十五、六人乗りの大型ボートのエンジンも日本製だった。日本技術の底力を見せつけていた。しかし観光客の中の、かつては多かったという日本人の姿はほとんどなく、欧米ではドイツ人、エクアドル国内組の姿が目についた。

エクアドルの首都キトにある赤道博物館では、赤道ライン上に、真ん中に穴を開けた洗面器を置き、上から水を注ぐ実験を見た。洗面器の穴に向かう水の作る渦巻きを観察する極簡単な装置だ。北半球にある日本では、落ちる水は時計と反対回りに渦を巻き、南半球のオーストラリアでは時計回りの渦を巻く。赤道上と、赤道を挟んだ南側と北側の二・五メートルから三メートル離れたところの計三か所に、洗面器を置ける台が設置してある。バケツから落とした水の動きは中に浮かべてある木の葉の動きからハッキリ読みとれるのだが…。赤道上では、真っすぐ下へ、水は全く渦を巻く気配を見せずに木の葉もろとも落ちていった。ところで、そのほんの手の届くほど離れたところにバケツを移すと、南と北で逆向きの渦を巻いた。文字通り地球を使った大掛かりな実験とその結果にひどく感動した。私はガイドに科学的な説明を期待したが、納得出来なかった。自分の受容能力、科学知識不足と英語力不足を棚に上げてだが。

パナマ運河には、ガラパゴスの飛行場建設のいわれを聞いてから、興味が湧《わ》いた。大西洋（カリブ海）と太平洋をつなげる、山を切り崩し陸地を貫通する工事は、二十世紀最大の大事業と讃《たた》えられている。運河に平行して、今二本目の新しい運河造りが進められていた。我々はタクシーをチャーターし、削ったという山の橋まで登って運河の全容を眺めた。赤道博物館もこの山も、いわゆる観光コースから外れていたが、川原さんの事前の調べで行くことになり、大いに得をした気分になった。パナマ運河はパナマの管理下にあるハズだが、現実には今もアメリカ軍の基地が在り統治している。軍事拠点としての重要性を再認識した。観光客でごったがえす水面の落差を作る巨大な水門施設には、中国人団体客がいた。平気で大人数で列を割り込む若い中国人女性たちが気になっていたが、ついにそばにいる黒人の青年が「列に並んで」と声を掛けた。

冷水でのシュノーケリングで頭がクラクラしたせいもあるだろう、時間の海を夢中で泳いでいた。あっと言う間のしかしとてつもなく長い、タイムマシンの旅の十日間だった。キングストンの空港ロビーから暑いばかりの表に出る。駐車場に向かって歩きだした時、宇宙旅行から地球の重力場に戻ってきたばかりの宇宙飛行士になった気分がした。そこには錯覚でない、もうひとつの時間が支配する現実が待っていた。

ジャマイカで生き残る術《すべ》を学ぶ

狭い国土の国民のほとんどが黒人、悪いことには人口当たりの殺人発生率が世界第三位と知った時には、二年間も派遣されるのは、まるで牢獄に二年間監禁されるに似た、心理的圧迫・恐怖が湧いてきた。同じ六十五日間の事前訓練を駒ヶ根で受け、一緒に成田を発った二人の若い体育隊員のボランティアたちは、元気に溢れていたが、当初は二世代歳の離れた会話の成り立たない宇宙人に見えた。インドに四回旅をした経験はあるが、生活や仕事となれば話が違う。果たしてジャマイカで生き残れるだろうかと不安だった。

JICA 寄宿舎から北を望む　手前から公園、
ニューキングストンのビル・ブルーマウンテン山並

私はジャマイカの首都キングストンのＪＩＣＡ寄宿舎の壁一面にいっぱい押し込んである本棚を見つけて少し安堵した。文庫、文芸書、国際支援や南北問題を扱う硬い社会本から、マンガ、名画ビデオなど片っ端から読破し、ドミと呼んでいる寄宿舎の通りを挟んだ向こう側にあるエマンシペーションパーク（奴隷《どれい》解放公園）で、市民たちに交じって早朝ジョギングの健康作りを始め、やがて土日の朝のテニスにも参加しだしていた。そこでＪＩＣＡのボランティアたち、大使婦人をはじめとする大使館員たち日本人や、国際機関で働くネパール人、フランス人、アメリカ人などと一緒に汗を流す機会を持った。やがてパーティーに招待されたり、海や山に遊びに出かけるようになった。休日は主にシニア・ボランティアと外食し、ウィークデーに教育省を訪ねてくる若いボランティアたちが私の部屋に寄れば、食事に連れだした。レポートの英語をチェックしてくれるアメリカ人の友だちを得た。仕事で迷うとＪＩＣＡオフィスを訪ね、調整員に相談に乗ってもらった。日本での古い人間関係から解き放たれ、昨日までは知らなかった人々と出会い交流する楽しさを味わった。進んで人と会うようになり、人付き合いの奥手が歳取って面白さに目覚めた。閉じこもることの危険を意識し、努めて人と会った。任期を終えて帰国するシニア・ボランティアから買い受けた、仕事柄必需品の自家用車のお陰で行動範囲が格段に広がり、フットワークよく人助けもできた。ジャマイカに住む日本人だけでなく、日本から訪ねてきた妻・娘・友達を車で国中旅行して回れた。いちどは牢獄に監禁されるかもと恐れたが、いざ飛び込んでみると、未知の世界と邂逅《かいこう》し、チャレンジしながら新しい自分に生まれ変わる充実感を肌身で覚えていた。遅れてやって来た青春謳歌《おうか》と呼べるものだったような気がする。

毎早朝、日本では夜に、妻と私の直ぐ下の弟のそれぞれとスカイプ（テレビ電話）で話をした。毎日同じ時間にパソコンの前に座るのは簡単ではない。しかし向こうはこちらのことを気遣ってやってくれていることを思えばおろそかにできなかった。交信環境が悪くなる度にスカイプの映像を切り、音声通信だけに切り替えた。その音も画面に表示された黄色のマークが赤色に変わり、度々消えた。昔の国際電話が高額だった時代を考えれば、無料で交信できるスカイプは有難いものだった。妻と弟に助けられ精神の安定を保った。

日本からの食糧品の差し入れ、手紙やメールは嬉しかった。支えられているという意識が、日本にいるときとは比べ物にならないほどに高まっていた。

任期半ばの一年も過ぎた頃、テニス仲間に大柄な中国人婦人の蘭蘭さんが加わった。それまで旅行好きな私が中国を避けてきたのには、日本を敵視する政策に嫌気がさしていたことが大きい。その結果として中国人とまともに話したことが無かった。しかし蘭蘭さんのテニスで見せる人の良さや、自分のミスプレーに思わず出る「アイア」というガッツある中国語らしい掛け声を聞くうちに、その掛け声がいつの間にか移って「アイア」が私の口から飛び出していた。そして彼女の時々差し入れる煎りピーナツや新しいテニスボールを、すんなり受け入れていた。

テニスの成果か、スリムになってきた蘭蘭さんからテニス仲間に夕食会の誘いがあった時、私は直ぐに受けた。蘭蘭邸は、キングストン高級住宅街のビバリーヒルの丘の上にあって、敷地の入口は厳重に警護されていた。街と海山を一望するテラスで蘭蘭さん手作りの水餃子に舌鼓を打ちながら、経済の専門家で、アメリカの大学で教鞭《きょうべん》を取っていたときに自分の生徒だった蘭蘭さんと知り合ったという、初対面の中国人のケニさんのもてなし振りに私はすっかり感心していた。当日の客十人のうち、ネパール人のマナさんと、その友だちの日本人の夫を持つフランス人の婦人以外はみな日本人だった。私にたとえ英語という言葉のハンデが無かったとしても、出来そうにない自然できめ細かな心配りで、ケニさんは妻のテニス友だちたちを持てなした。彼らの心のこもった準備と、温かい人柄に包まれ、楽しい雰囲気のパーティーとなった。

私はつい夫のケニさんに気を許し、社交のタブーを破って一番気になっている政治を、我慢できずに話題に取り上げていた。いくつもの難題をぶっきらぼうに投げかける私に、直截《ちょくせつ》にではなく、いくつもある引き出しからほんの少しだけ取りだして噛み砕いてみせるように、しかし多弁に、自分の年齢層の中国人たちが共有する憂慮だと言い添えつつ彼は紹介した。いつの間にか私の直球が、楽観的な見方の変化球になって戻ってくることに気づいていた。そしてこれは敵わないと、ケニさんと、その裏に控えているだろう中国人の凄《すご》さの一端を見せつけられた思いがした。アメリカとジャマイカで長い学究生活を体験し、自国中国の表も裏も見てきたその人が、もうすぐリタイアし国に帰るという。中国を終《つい》の棲家《すみか》と決めているとのことである。私は初めて中国人に親しみを覚えた。

私は翌日、さっそく招待へのお礼と、政治を話題にした非礼を詫びるため蘭蘭さんにメールした。

蘭蘭さんへ

昨日はお招きいただき、美味しい食事でもてなしいただきありがとうございました。

特に手作りの餃子は格別で美味しくいただきました。

またご主人の心のこもった歓迎ぶりは印象に残りました。

実はご主人のケニさんには謝っていただきたいことがあります。というのは、私が政治を話題にし過ぎたことです。それから貴方がかつてのケニさんの学生だったと聞いて、彼を悪い男の子だとからかったことです。「悪い」は、不適切で、生徒の中から良き伴侶を得た幸運な男への羨《うらや》む思いを、思わずそう表していたのだと思います。

ともかく、私にとって中国と日本の間のわだかまりについて、中国人と直接話した初めての経験でした。そして私は彼から多くのことを学びました。

いち　(注:「いち」はジャマイカでの著者のニックネーム)

直ぐに蘭蘭さんから次の返信メールが届いた。

ようこそ

ご丁寧なメールありがとうございます。

ケニと私はあの晩を心より愉《たの》しみました。とにかく私たちは何回もプランを立て、貴方がたをご招待することを待ち続けていました。それがついに昨日実現しました。みなさんが餃子を気に入って下さったことが嬉しいです。ご自分たちの食事にはことさらうるさい日本の方々に納得して頂けたかしら。私の料理は合格ということでいいかしら？ケニは貴方との政治や悪い男の子の話を、気に入りました。どちらの話題も友だちの間だけで交わされるものです。極親しい間柄でないと、そういうことは話題にしません。ケニが私たちの、教師―生徒の関係をこの前話題にしたのは、私の記憶では、かれの中学時代の友達とで、三十年も前のことです。政治の話は、もっぱら家の中だけでしますから。彼がそんなことを話したなんて驚きです。彼、飲み過ぎていたのかしら？

平和を創るには、避けて通るのではなくもっと話し合うことだと、私は信じています。貴方とケニはそれを実行なさったのです。私はとても嬉しいです。

蘭蘭

終わりに

日本政府による対外援助を総括しているＪＩＣＡ（ジャイカ）のシニア・ボランティアとして二カ月余りの研修合宿と二年間のジャマイカ赴任の任期を終え、帰国したのが二〇一三年十月初め、それからあっという間に一年半が過ぎた。日本の地球の裏側にある中米のカリブ海に浮かぶ小国ジャマイカで過ごした日々は、不思議な出来事の連続だった。今となっては夢の中で見たことのようにも思えてくる。忘却の彼方に消え去る前に、取っていた記録から記憶を起こしておこうとエッセイを綴ってこの小本になった。

教師になりたての頃読んだ世界の地理教科書シリーズのインド編に大変なショックを受けたことがある。それは日本の教科書とは全く異なる編集姿勢で、インドがいかに偉大な国かを伝えるために書かれていた。これを読むインドの学生は間違いなくインドに誇りを持つに違いないと思った。若者の心を鼓舞する情熱がひしひしと伝わってきた。私がそれまで学んできた日本の教科書に、誇りや気概を覚えた記憶が無かったのとは対照的だった。

そこで私はすぐに世界の中学・高校の数学教科書を集めた。数学は世界共通で、何処も同じだろうと何となく考えていた。英語で書かれたイギリス・アメリカをまず読んだ。他の国のものもパラパラとめくってみた。それらには日本の数学教科書とは全く別の装丁、別の方針、別の書き方がされており、扱われている教材内容が多種多様なことを知った。私は数学教育の思いも掛けない世界の広さに目を開かれた。

またその頃、大学時代に所属していた社会活動グループの恩師から誘われ、ベトナム・タイへの研修旅行に参加し、異文化との交流の魅力を知った。海外に出ることは、自分や日本を見直すことに他ならないと悟った。それをきっかけに海外を旅するようになり、細々とだが途切れることなく英語と関わってきた。まさか還暦過ぎてから、仕事や生活で英語を使うことになるとは思いもしなかった。英語を使い、長年慣れ親しんできた数学の知識や数学教育での経験を、異国で役立てる機会が巡って来たことを奇跡の恵みだと思っている。

実にチャレンジし甲斐のある国だった。ジャマイカにはほとんど日本人は住んでいない。先祖はアフリカから奴隷として連れて来られた黒人で、身体能力の極めて高い人々だった。

街には日本の中古車ばかりが溢れ、文句なしの日本びいきだった。私は、まるで明治維新に文明開化の助っ人として日本を訪れたヨーロッパの知識人のように大切にしてもらったように思う。文化の違いには大いに戸惑ったが、それをきっかけに考えるヒントを得、新しい視覚も与えられた。ジャマイカを見ながら、頭の中はいつも日本のことを考えていた。ジャマイカ人と付き合いながら、日本人や自分の姿を見つめていた。だから気分としては日本探訪・発見の旅だった、と言い換えてもいい。ジャマイカの数学教育を変えたが、それ以上に自分が変えられた。

書き残したことがある。ブルーマウンテン・コーヒーのマイルドな薫《かお》りと味を毎朝独りで、また土日には友だちとコーヒー店で愉しんだ。地元のジャマイカ人は登らないブルーマウンテン山に度々出かけた。コーヒー畑近くで安く購入した挽《ひ》きたてのブルーマウンテン・コーヒーの袋が冷蔵庫に在る限り、朝を安心して迎えられるような気がし出した。朝スプーンで粉をすくうごとに、甘い薫りが漂い鼻孔を刺激した。コーヒーを飲む習慣の無かった自分が、帰国後はブラックで本物のコーヒーを飲むのが毎朝の日課になっている。

私と全く同じ時に、教育省本省のコア・カリキュラム・ユニットにアメリカの平和部隊の若い黒人女性アーリーンが短期の契約で着任した。三十四、五歳にして、すでに博士としてアメリカの大学で教授を勤め、平和部隊で南アフリカに数年赴任の経験を持つスーパーウーマンだった。彼女は短期間のうちにいくつもの大きな企画を立ち上げ、並外れた行動力と豊かな人間性でまたたく間に職場の、特に英語教育担当者たちの雰囲気を変えてしまった。私は彼女とすっかり意気投合し、大いに助けられた。会議の始まる度に、情報のないまま部屋でボーッとしている私にいつも「イチ、会議」と声をかけに来てくれた。音楽会に誘ってくれた。私の部屋では、寝起き顔の私の目糞*糞に気がついて、武士の情けからなのか目糞*糞をほじくっていた彼女が、会議や大きな講習会では、原稿なしによどみない惚《ほ》れぼれする舞台上の役者のようなスピーチをいつもやってのけ、魔法をかけたように聴衆を惹《ひ》きつけてしまうカリスマぶりが可笑しかった。私がCT（計算時間）のプロジェクトを立ち上げたときには「イチ、私貴方の事が誇りよ」と何度も語りかけてくれた。

　台湾人の経営する中華料理店の馴染みとなり、友だちを連れて頻繁《ひんぱん》に出かけた。メニューの中の、沖縄のゴーヤチャンプルにそっくりなのとマーボー豆腐が定番だった。そのうちメニューに英語、中国語に加えて日本語が入った。

エッセーの中に度々登場した、職場で私とチームを組んでいっしょに働いたシーモアさんが、二〇一五年一月十九日から三週間日本を訪問した。ＪＩＣＡが毎年企画している数学・理科教育者のための講習を受けるためだった。私の赴任中には、双子の赤子の世話を理由にこの講習参加を見送った。来日した翌朝、彼をハット神戸にあるＪＩＣＡ兵庫に訪ねると「寒いさむい」と震えていたが、帰国前日に会ったときは「帰ったら日本の教育をやる」と言っていた。研修会に満足した様子が私を安心させた。私が初代で播《ま》いたＣＴの種を、今は二代目の笠原さんが継ぎ、二〇一五年十月から三代目のシニアボランティアが赴任することが決まったというニュースと合わせて、シーモアの日本進出は私を喜ばせた。多くの人の手によって、日本の数学教育の経験が他国に役立つよう実を結んでいくなんて、なんとエキサイティングなことだろう。

『終わりに』のおわりに、表題『じゃあ　まあいーか』と決めたことについて触れておきたい。派遣が決まり「ジャマイカ」を繰り返して言っているうちに「ジャマイカ」をゆっくり発音すると「じゃあ　まあいーか」になることに気がついた。初めは『ジャマイカで考えたこと』の表題を考えていたが、原稿を読んだ人たちが「じゃあ　まあいーか」を大いに気に入った。私自身も帰国後自分の生活に大きな影響を与えた、この言葉がやっぱり一番ピッタリくるように思えてきた。そういう訳で「じゃあまあいーか」となった。よくも何も解らないところに飛び込んだものだと呆れるが、そのゆるさやいい加減具合が、ジャマイカで学んだ最大の収穫だったかも知れない。

昨年二〇一四年十二月六日、私を長年支えてくれていた妻みち子が帰天した。彼女はジャマイカに単身で訪ねてきて、乗馬をしたりイルカといっしょに遊んだ。その時右手が時々震えるのに気がつき、医者に行くよう勧めて見送った。果たしてパーキンソン症候群を発症しており、私の帰国後は治療に励みながら、日本の秋を毎日のように二人で散策し楽しんでいたさ中の事故だった。このエッセー原稿を書き加える度に、彼女が喜んで読んでくれたのはつい先日のことになる。

多くの方々の支え、家族・友だち・JICAスタッフ・ジャマイカ教育省の方々・在ジャマイカ大使館スタッフの方々・日本人ボランティア同僚たち、そして何よりジャマイカの小学生や先生がたの協力などがあって、はじめてシニア・ボランティアの任務に従事できた。感謝は尽きない。

拙著をＪＩＣＡの五十年に合わせて世に出せることに感謝したい。半世紀昔、東京オリンピックの翌年に青年海外協力隊は誕生した。創立時に憧れた活動に参加出来たことに、感慨深いものがある。自分の責任をひとつ果たせたように思っている。出版にあたっては吉田則子氏、前著『旅力（たびぢから）』（大盛堂書房）に引き続き松井恭子氏の助けをいただいた。有り難うございました。

二〇一五年五月二十二日　神戸にて

筆者

モンテゴベイ常宿のホテルから眺めた夕陽

著者プロフィール

塚﨑　雄一　(つかさきゆういち)

1947年生まれ。学習院初等科・中等科・高等科、上智大学理工学部卒業後、神戸の六甲学院(中高一貫男子校)に数学教師として35年奉職する。この間、神戸大学大学院人間発達科学専攻を1999年に卒業。
2011年10月より2013年10月までの２年間JICAシニアボランティアとしてジャマイカ教育省コア・カリキュラム・ユニットで活動。立ち上げたカリキュレーションタイムの数学教育プロジェクトは、約100校(５万人)の小学校が採用。神戸市在住。
著書『息子が中学生』2007年文芸社、『親学事始』2009年大盛堂書房、『旅力(たびぢから)』2010年大盛堂書房
論文『アメリカとイギリスにおける数学教育』1980年、『一次変換の映像化』1982年、『空間概念を育てる教材(共著)』1986年、以上兵庫県私学研究論文集、など。

じゃあ まあいーか　JICAボランティアジャマイカを行く

2015年 8月 5日　第１版第 1 刷発行

著者　塚﨑雄一
発行人　松井宏友
発行所　株式会社 大盛堂書房
〒657-0805　神戸市灘区青谷町4丁目 4-13
http：//www.taiseido-shobo.co.jp/
e-mail：eigyo@taiseido-shobo.co.jp
電話　078-861-3436　Fax　078-861-3437
振替　01120-5-14660
印刷所　モリモト印刷株式会社

ISBN978-4-88463-118-5